COLLECTION « ARCHIPSY »

Mentir pour mieux vivre ensemble, Pascal Neveu (à paraître en février 2012).

Du premier cri au dernier souffle, Martina Niernhaussen, 2011.

Le Sexe du cerveau. Hommes, femmes : les vraies différences, Dr Jean-Albert Meynard, 2011.

Victime attitude, Thierry Gallois, 2009.

Je ne m'aime pas : un peu, beaucoup, à la folie. Face aux défaillances narcissiques, Alexandra Choukroun, 2009.

Le Malade, la Maladie et les Proches, Dr Isabelle Moley-Massol, 2009.

États de crise. Comment survivre à ces crises de vie auxquelles personne n'échappe, Armelle Oger, 2008.

Le bonheur d'être névrosé… et comment surtout ne pas en sortir, Dominique Drillon, 2008.

Belle-mère ou marâtre. Quel rôle pour la femme du père ?, Michel Moral et Marie-Luce Iovane-Chesneau, 2008.

Changer ? Moi, jamais !, Pascal Neveu, 2008.

Mère-fils : une relation malmenée, Sylvette Desmeuzes-Balland, 2007.

L'argent est une affaire de femmes, Alix Foriel, 2006.

Les Pièges de la discrimination. Tous acteurs, tous victimes, Pierre Scharnitzky, 2006.

Le volant rend-il fou ?, Jean-Marc Antoine Bailet, 2006.

Le Complexe de Barbe-Bleue. Psychologie de la méchanceté et de la haine, Dr Jean-Albert Meynard, 2006.

Vaincre les peurs et les phobies, Marc Spund, 2005.

Si tu m'aimes, trompe-moi !, Alexandra Choukroun, 2005.

L'Enfant et le Diable. Accueillir et soigner les victimes de violences, Dr Liliane Daligand, 2004.

Guide de survie pour parents débordés, Dr Frédéric Kochman, 2004.

Psychologie du criminel. Logiques de l'irréparable, Jean-Michel Labadie, 2003.

Psychologie de l'argent, Thierry Gallois, 2003.

Une collection dirigée par Roseline Davido
(roselinedavido@gmail.com)

LA DÉCOUVERTE DE VOTRE ENFANT PAR LE DESSIN

DU MÊME AUTEUR

Comprendre les gribouillis, un miroir de l'inconscient, Éditions du Cygne, 2011.

Techniques projectives : 12 CAS Cliniques, sous la direction de Jacqueline Finkelstein-Rossi et Lydia Fernandez, pp. 67-89, Éditions In Press, « Concept-psy », 2011.

Scientific Psychology : New Developments Internationally, Proceedings of the 67th Annual Convention International Council of Psychologists, July 3-8, 2009, Mexico City, Mexique, pp. 153-160, SHAKER Verlag.

Ombres de femmes, recueil de nouvelles, Éditions du Cygne, 2006.

Dessins d'enfance, Destins d'adulte, Entretiens avec vingt personnalités d'enfance juive ou d'ailleurs, co-écrit avec Michel Zerbib, Éditions du Cygne, 2006.

Le Cachalot, roman anthropophage, Éditions du Cygne, 2004.

Le Davido-CHaD. Le nouveau test projectif, du dépistage à la thérapie, L'Harmattan, 1997.

The Childhood Hand That Disturbs, a new projective test, Praeger, USA, 1994.

Le Langage du dessin d'enfant, Presses de la Renaissance, 1976.

Le Cachalot, roman, Belfond, 1974.

La Découverte de votre enfant par le dessin, Noé, 1971.

ROSELINE DAVIDO

LA DÉCOUVERTE DE VOTRE ENFANT PAR LE DESSIN

l'Archipel

www.editionsarchipel.com

Si vous souhaitez recevoir notre catalogue
et être tenu au courant de nos publications,
envoyez vos nom et adresse, en citant
ce livre, aux Éditions de l'Archipel,
34, rue des Bourdonnais, 75001 Paris.
Et, pour le Canada, à
Édipresse Inc., 945, avenue Beaumont,
Montréal, Québec, H3N 1W3.

ISBN 978-2-8098-0631-1

À ma fille, Julie E. A. Baraduc et à Margot,
ainsi qu'à tous les enfants du livre.

SOMMAIRE

1

LE DESSIN, CE MÉCONNU

Pourquoi le dessin ?

De nos jours, il n'est plus pardonnable d'ignorer les dessins d'enfants. Ils apparaissent comme le moyen d'approche privilégié vers la connaissance de leur personnalité. Ce n'est ni uniquement un jeu, ni uniquement un rêve, mais à la fois un jeu, un rêve et une réalité.

Un jeu : dans la mesure où le dessin n'est généralement pas contraignant et délasse son auteur. Mais vous verrez bientôt que beaucoup de vérités se disent en jouant !

Un rêve : sur une feuille de papier apparaissent désirs inconscients et conscients ; nous essaierons d'approcher leur interprétation grâce à des exemples, car chaque enfant est unique.

Une réalité : ce sont les préoccupations de l'instant qui motivent le dessin de l'enfant.

Le dessin est aussi un cadeau de prix que l'enfant dédie à ceux qu'il aime.

La première étude de dessins d'enfants remonte à 1913. C'est la date de la thèse de Georges-Henri Luquet sur l'étude de 1 700 dessins de sa fille Simone. Depuis, l'intérêt pour les dessins n'a cessé de s'amplifier. Aujourd'hui, on les utilise dans de nombreux domaines :

• comme *test de niveau mental.* À partir d'un dessin, on peut évaluer l'intelligence de l'enfant (quotient intellectuel) ;

• comme *moyen de communication.* Les dessins remédient à un éventuel défaut de maîtrise de la langue. Ils narrent graphiquement ce que l'enfant ressent, mais ne peut verbaliser ;

- comme *moyen d'exploration de l'affectivité* de l'enfant ;
- comme *moyen de connaissance de son corps* et de sa situation dans l'espace.

La qualité du dessin, abstraction faite de son caractère esthétique, n'est pas seulement représentative du niveau intellectuel, mais aussi de l'équilibre affectif de l'enfant, dont dépendent souvent ses facultés d'adaptation, tant familiales que scolaires.

Un dessin ne peut à lui seul tout révéler. Il faut se méfier des conclusions hâtives tirées d'un unique dessin dont on ne connaît pas l'auteur. Il doit être interprété par un spécialiste, car un travail de ce genre requiert non seulement de l'intuition et de la sensibilité, mais aussi des connaissances approfondies.

Un simple test ne suffit pas pour établir un diagnostic ; il faut replacer le dessin dans le contexte socioculturel de l'enfant. Grâce à cette méthode, on peut arriver à une meilleure connaissance de l'enfant, mais il n'existe toutefois pas de « clé du dessin ».

Cependant, les renseignements seront assez précis, nous l'espérons, pour vous permettre de comprendre si votre enfant a besoin, ou non, de l'aide d'un spécialiste pour envisager ses problèmes.

L'intérêt pour le dessin d'enfant est récent. On peut néanmoins s'interroger sur les origines des dessins dans les grottes préhistoriques. Sont-ce des dessins d'enfants ou d'adultes ? Attestent-ils la présence d'ateliers de dessin, de galeries d'art ou de mystérieuses cérémonies ? La perplexité a toujours régné à ce sujet...

Howard Gardner, dans son ouvrage *Artful Scribbles*, décrit un tableau de Giovanni Francesco Caroto, peintre de la Renaissance, représentant un personnage tenant un dessin d'enfant dans la main droite – un bonhomme. On peut s'interroger, avec A. Chevrier, sur l'âge de l'enfant – s'il s'agit bien d'un dessin d'enfant. Est-ce plutôt une esquisse, ou encore une caricature ?

Au XVIIe siècle, Jean Héroard, le premier médecin de Louis XIII, écrivit et tint pendant vingt-sept ans le célèbre *Journal de l'hygiène du prince.* Ses descriptions sont surprenantes. Elles suivent jour après jour l'évolution du prince, qui succéda à son père Henri IV. J. Héroard prend soin de noter chaque fois le commentaire de l'enfant sur chaque dessin. Ainsi dans un dessin du 30 octobre 1607, Louis XIII, âgé de 6 ans et 1 mois, dessine un bonhomme à tête énorme. Commentaire : « Je m'en va faire le cor » (« Je m'en vais faire le corps »). On note la présence de mamelons et d'un sexe.

En 1928, Adolphe Ferrière écrit : « Nos pères ont découvert les Alpes, notre génération a découvert les dessins d'enfants. » Vision optimiste, qui s'est vérifiée et enrichie depuis de nombreuses années, grâce aux travaux d'éminents psychiatres, neurologues, psychologues et pédagogues qui apportent, chaque jour, de nouveaux éléments au service de la connaissance de l'enfant par le dessin, donnés dans cet ouvrage.

Comment ose-t-on encore dessiner ?

Alors que, à la maternelle, on enseigne à l'enfant des techniques, à l'école primaire, le dessin est considéré comme une matière si secondaire que les professeurs d'arts plastiques n'existent pour ainsi dire pas, voire tendent à disparaître ; ne parle-t-on pas même de les supprimer ?

Dans les toutes petites classes, c'est le maître qui doit initier l'enfant au dessin et à la peinture. Ce travail n'étant pas confié à des spécialistes, il a tendance à être bâclé et relégué au second plan, après les disciplines « nobles » que sont la lecture et les mathématiques...

En décembre 1996, un sondage portant sur l'image de l'enseignement artistique en France fait ressortir que 52 % des personnes interrogées pensent que cet enseignement est insuffisant, 56 % croient que l'éveil et la pratique des disciplines artistiques peuvent être un remède à l'échec scolaire, 72 % estiment qu'il faudrait considérer ces disciplines au même titre que les mathématiques ou les langues ! Les ministres se succèdent et l'on attend toujours[1]...

Or, cet état de fait est d'autant plus paradoxal que l'image nous envahit chaque jour davantage : dans les rues, à la télévision, au cinéma, notre attention est de plus en plus souvent sollicitée par des images publicitaires. Je me demande parfois comment les dessinateurs peuvent encore exister, l'école ayant tout fait pour les décourager.

Comment l'enfant dessine-t-il ?

L'enfant qui n'a que de rares occasions, en classe, de faire un dessin, va se cantonner dans une représentation monotone ; il aura tendance à reproduire toujours les mêmes thèmes, avec les mêmes couleurs : petits soldats, bateaux, maison... Ces représentations sont caractérisées par un souci de « réalisme ». Car, à moins d'être un malade mental ou d'être perturbé affectivement, comme nous le verrons plus loin, il ne peut y avoir aucune originalité dans les dessins d'enfants exécutés en classe. L'enfant ne peut en effet se laisser aller à sa sensibilité ; le dessin réalisé en classe, pour rapporter une bonne note, se doit

---

1. Sondage IPSOS / Ministère de la Culture / Le Monde de l'éducation, in *Le Monde de l'éducation*, décembre 1996.

en général d'être une copie servile de la réalité. Même de circonstance, il manque encore totalement d'originalité : c'est le sapin de Noël, le bouquet de la fête des Mères, le même sujet pour tous, y compris l'orphelin ! Encore un moyen d'empêcher l'enfant de s'exprimer. C'est à se demander si cette absence d'expression libre par le dessin n'est pas la source d'une forme d'inadaptation de certains enfants à l'école.

L'enfant est un créateur que bien souvent l'école étouffe. Mais soyons justes : il serait souhaitable que les thèmes libres, c'est-à-dire originaux, soient au moins aussi nombreux que les thèmes imposés. En effet, les deux sont nécessaires : le thème imposé développe le sens logique et l'esprit d'observation, le thème libre, la sensibilité et le sens de l'équilibre.

Malraux a écrit : « Si l'enfant est souvent artiste, il n'est pas un artiste ; car son talent le possède et lui ne le possède pas. »

Cet enfant dont l'image est langage

Les parents viennent consulter le psychologue, ou le médecin, parce que leur enfant a de mauvaises notes à l'école, ou bien est dissipé, énurétique, « dans les nuages », ou simplement difficile.

Or, l'image que les parents vont donner de leur enfant est, le plus souvent, très extérieure. Les parents qui maltraitent leur enfant peuvent masquer la réalité et donner des raisons fallacieuses afin de justifier le comportement de leur enfant.

Il est, bien entendu, fort important que l'adulte relate les comportements de l'enfant ; mais n'est-il pas plus intéressant pour le psychologue ou le médecin d'atteindre les motivations de ces comportements et de savoir comment l'enfant vit ses relations, tant familiales que scolaires ? L'enfant pourra, par le dessin, dire comment il se sent, comment il se vit et voit son entourage.

Quand les mots vous trahissent

Le moyen de communication le plus banal est le langage. Cela ne veut pas dire qu'il soit le plus simple. Tentez vous-même d'exprimer en termes clairs vos propres problèmes familiaux, par exemple ; vous réaliserez combien il est difficile d'extérioriser avec des mots ce que vous ressentez pourtant si profondément : les mots trahissent et déforment les pensées et les situations.

Alors, imaginez l'enfant ! Le langage est pour lui un fait social dont l'acquisition est liée au milieu socioculturel. Les mots qu'il emploie sont des instruments de valeur différente, selon qu'il appartient à un milieu culturel évolué, ou au contraire insuffisant. L'enfant issu d'un bon milieu socioculturel aura sans doute plus de chances de se faire comprendre que celui issu d'un milieu socioculturel défavorisé, où le vocabulaire est pauvre, à supposer qu'il y ait seulement dialogue dans sa famille. Cependant, même armé d'un bon vocabulaire, l'enfant plus qu'un adulte risque de trahir sa pensée, car l'acquisition de son vocabulaire est récente et incomplète.

Dans ce contexte, le dessin apparaît donc chez l'enfant comme un moyen d'expression privilégié, puisqu'il ne réclame d'autre aptitude que celle de savoir tenir un crayon. Même lorsqu'il apprendra à écrire, le dessin restera pour lui une technique séduisante. D. Engelhart nous rappelle que, « dans l'image qu'il dessine, l'enfant découvre son pouvoir, dans l'écriture son impuissance. Il lui faudra encore de nombreuses années avant de pouvoir jouir du plaisir d'écrire et de communiquer avec autrui par l'écriture. Voilà pourquoi le dessin, loin de disparaître dans les années durant lesquelles se poursuit l'apprentissage de la lecture et de l'écriture, se maintient comme une activité privilégiée de l'enfant. »

Dessin sans paroles

Parmi tous les moyens (jeux, marionnettes, peinture) dont dispose le psychologue pour mieux connaître l'enfant et sonder sa personnalité, le dessin constitue un langage privilégié : en effet, l'enfant, dans son dessin, « raconte graphiquement », sans que cela mette nécessairement la parole en jeu. Le dessin d'enfant est un véritable langage, dans la mesure où il peut revêtir toutes les configurations possibles : trait brisé ou nerveux, omissions, couleurs pâles ou bariolées, harmonie ou dysharmonie, etc. Autant de tons et de caractéristiques qui donnent la parole aux dessins. Cependant, bien souvent, le dessin est pour l'enfant le point de départ d'histoires, réelles ou inventées.

Ces techniques d'investigation sont très fréquemment utilisées, mais elles rencontrent certains écueils : d'une part, l'adulte qui analyse les dessins d'enfants le fait en tant qu'homme (ou femme) mûr. D'autre part, cet adulte a ses propres problèmes. Celui qui analyse un dessin d'enfant doit donc s'efforcer d'oublier qu'il est adulte et ne pas générer ses propres projections. Voilà pourquoi ce genre d'analyse requiert toute la compétence d'un spécialiste.

2

L'ÉVOLUTION DU DESSIN

La période « tache »

Il existe une évolution du dessin d'enfant, liée au développement de l'individu, indépendamment de ses capacités artistiques. Ainsi, le dessin peut être exécuté de manière malhabile, sans être pour autant un signe de débilité.

Un enfant de 2 ans ne dessine pas comme un enfant de 3 ans. À chaque âge correspond un type spécifique. Les dessins d'enfants passent par des stades qui suivent de très près le développement de leur intelligence. Luquet a, le premier, émis cette hypothèse, qui s'est vérifiée depuis.

Si les parents laissaient à leurs enfants de moins de 1 an la possibilité de « peindre », ceux-ci feraient à coup sûr des « taches ». Mais rares sont les parents qui laissent les enfants de cet âge décharger leurs pulsions, car ils se méfient – à juste titre – du résultat !

Le stade du gribouillis

Vers 12 mois, l'enfant traverse le stade du « gribouillis ». Stade très important, parfois déjà révélateur. Le crayon est le prolongement de la main, les traits sont en relation directe avec le « moi » de l'enfant, nous apprend Marthe Bernson. L'enfant prend d'ailleurs plaisir à tracer des traits dans tous les sens, sans lever son crayon.

Si vous avez l'occasion d'observer un enfant d'environ 15 mois, vous serez sans doute surpris par ses mouvements, très personnels, bien que le plus souvent malhabiles (et ils le resteront aussi longtemps que l'enfant ne sera pas arrivé à prendre conscience de la valeur représentative de son dessin).

Interprétation du gribouillis

L'enfant heureux de vivre tracera des traits forts, qui prendront une grande place dans la feuille. L'enfant instable, au contraire, laissera vite tomber son crayon.

Pour Marthe Bernson, l'enfant qui recouvre toute la page de son gribouillage est un enfant « qui voudrait occuper toute la place dans le cœur de sa mère et dont le cœur déborde ».

La manière de se saisir du crayon est aussi révélatrice. Les enfants déficients intellectuels, ou qui se développent mal, ne savent pas le tenir.

Prudhommeau note une coïncidence entre les premiers gribouillages et l'apprentissage de la marche.

Le stade du griffonnage

Il succède immédiatement à la période du « gribouillage ». Dans les « taches » et le « gribouillis » n'entre aucun facteur intellectuel. Naville en donne même une explication psychanalytique : l'enfant qui « tache » ou « gribouille » ressent un plaisir semblable à celui de souiller.

Édouard, 18 mois, voit sa sœur Léonor dessiner. À son tour, il s'empare d'un crayon-feutre et jubile en « tachant ». Si le dessin semble esthétique, c'est totalement fortuit, mais le résultat est joli. Il évoque des idéogrammes asiatiques. C'est vraiment du chinois ! (Voir ci-contre.)

Si ces périodes sont directement liées au développement des fonctions organiques de l'enfant, en revanche, avec le griffonnage apparaît une phase plus intellectuelle : l'enfant essaie d'imiter l'écriture de l'adulte et de mieux tenir son crayon. Il y a donc intention de sa part.

Édouard, 18 mois.

Vincent, 2 ans et demi.

Cependant, son attention se disperse rapidement ; souvent, il change d'idée en cours de dessin, à moins que celui-ci ne reste inachevé. L'intention de l'enfant peut même n'apparaître qu'à la fin du dessin ; c'est le « réalisme fortuit » : sur tel griffonnage, l'enfant mettra tel nom (ressemblance fortuite ou idée du moment).

Mais, le plus souvent, entre 2 et 3 ans, c'est le stade du « réalisme manqué » : l'enfant trace des boucles fermées (ou *loops*), dans le but bien précis d'imiter l'écriture des adultes.

Vincent, 2 ans et demi, « écrit » à sa mère. On voit apparaître les premiers loops. *C'est le rond originel du têtard (voir page précédente).*

Ce sens de la précision va se développer et s'illustrer lors du stade suivant, celui du « bonhomme têtard ».

Le stade du « bonhomme têtard », bonhomme universel

Vers 3 ans, l'enfant commence à savoir dessiner et à donner un sens à ses représentations. C'est l'âge du « bonhomme têtard ». Ce bonhomme figuré par un rond – représentant à la fois la tête et le tronc vus de face, auxquels sont attachés deux bâtons, les jambes, et souvent deux autres, les bras – est commun à tous les enfants du monde de 3, 4 et 5 ans.

Plus l'enfant grandit, plus le bonhomme s'agrémente de détails : dans le rond viennent se placer des yeux, une bouche, un nombril, sous forme de points ou de petits ronds.

Vers 5 ou 6 ans, d'après une étude statistique de Thomazi, le tronc du bonhomme apparaît sous la forme d'un deuxième rond. Le bonhomme est toujours vu de face. Ses bras s'articulent à un niveau variable du tronc. Ce n'est que vers 6 ans que le corps est complet et articulé. 71,5 % des enfants de 5 ans dessinent les membres par un simple trait. Les membres supérieurs sont implantés sur le corps chez 33 % des enfants de 5 ou 6 ans. 4,3 % d'entre eux détaillent les épaules.

Julie, 3 ans et 9 mois, se représente avec ses couettes, un grand sourire et les talons de maman. Dans le décor, on note des marguerites.

Nombreuses sont les études qui accréditent la thèse de Luquet, pour qui les détails du bonhomme croissent avec l'âge mental. Ces variations d'aspect, qui permettent d'évaluer l'intelligence de l'enfant, apportent encore un renseignement essentiel : la perception que l'enfant a de son propre corps.

C'est aujourd'hui un fait acquis : l'enfant se projette dans le dessin du bonhomme. Comme l'affirme Prudhommeau : « Quand un enfant dessine un bonhomme, c'est lui-même qu'il dessine tel qu'il se sent. »

J'ai vu le cas d'une petite orpheline, âgée de 4 ans, qui vivait en pension toute l'année. Sur le recto de la feuille, elle dessina un bonhomme normal pour son âge, mais elle agrémenta le verso de traits verticaux imitant les barreaux d'une prison...

Quand l'enfant dessine un bonhomme, c'est bien lui-même qu'il dessine. Ainsi cette fillette, se sentant prisonnière, avait dessiné un bonhomme brimé.

Le corps morcelé

Avoir conscience de la position de notre doigt de pied, ou pouvoir aisément localiser une démangeaison, confirme que nous avons une représentation consciente de notre corps immobile ou en mouvement, quelle que soit sa position dans l'espace.

En revanche, le très jeune enfant qui joue avec son pied et qui l'attrape le considère comme un objet qui ne fait pas partie de son corps. La conscience immédiate de l'image de notre corps, considéré comme un tout, relève donc d'une lente acquisition, qui est le fruit d'expériences faites durant les tout premiers mois de la vie. Cette conscience immédiate du corps, considéré comme un tout, se nomme « schéma corporel ».

Selon Lacan, la première image du corps est morcelée. Certains malades qui souffrent de lésions neurologiques organiques ou d'affections mentales, névrotiques ou psychotiques, présentent des troubles du schéma corporel ; ces troubles se traduisent parfois par un fantasme de morcellement, c'est-à-dire par la crainte d'avoir ou de voir leur corps écartelé et morcelé.

Quand l'enfant se dessine lui-même

L'enfant ne peut se dessiner que lorsqu'il a pris conscience de son schéma corporel, c'est-à-dire de l'image de son corps ainsi que de sa position dans l'espace. Cette conscience n'est pas innée, mais se forme progressivement au cours d'expériences diverses et répétées.

Ainsi, un enfant hémiplégique, par exemple, s'il est laissé à l'abandon, peut parfois se dessiner morcelé, la partie paralysée de son corps n'étant pas représentée sur le dessin. Cette caractéristique disparaît lorsque l'enfant est rééduqué, avec tout ce que cela comporte d'affectivité.

La transparence

Elle consiste à représenter un objet vu de l'intérieur, alors que seul l'extérieur devrait figurer sur le dessin. C'est, par exemple, le dessin d'une maison dont les murs, invisibles, permettent de voir ce qui se passe à l'intérieur, ou la représentation de jambes visibles à travers les vêtements des personnages.

La transparence est normale chez l'enfant, jusque vers 7 à 9 ans. Parfois, elle peut même révéler un sens d'observation poussé.

C'est le cas de Florence, âgée de 7 ans, qui a représenté un bonhomme aux organes internes apparents. Florence sait comment fonctionne le tube digestif.

Cependant les raisons de ce savoir posent le problème d'une possible régression au stade oral. Nous le verrons *page 208.*

On peut se demander si la transparence n'est pas un moyen pour l'enfant de trouver une réponse rassurante aux questions qui le préoccupent.

Transparence et retard scolaire

Quand la transparence subsiste dans les dessins d'enfants de plus de 10 ans, l'hypothèse d'un retard intellectuel peut être envisagée.

Dans un dessin de « la famille » de Sylvie, âgée de 11 ans, dont le retard scolaire était sensible et les problèmes affectifs nombreux, on note une transparence : les membres sont visibles à travers les jupes et les pantalons.

Cependant, outre l'hypothèse d'un retard intellectuel, il faut envisager aussi celle d'un trouble de l'affectivité et de la sensibilité. En effet, montrer l'intérieur des choses, n'est-ce pas, dans une certaine mesure, essayer de les démystifier, d'en percer les secrets ? Le dessin est le monde intérieur de l'enfant. Son bonhomme, c'est lui-même ; « l'intégration est totale, sensori-motrice, sociale et affective » (Ajuriaguerra).

Une fois encore, il faut se rendre à l'évidence : il n'existe pas de « clé du dessin », mais des interprétations qui toutes peuvent être vraies ; et c'est entre toutes ces hypothèses que le psychologue choisira celle qui lui semblera la plus conforme au « cas » de l'enfant.

Le rabattement

Examinez les dessins d'enfants de 5 à 7 ans : vous constaterez, dans la majorité des cas, l'absence de perspective, la non-coordination des plans, la disproportion des objets représentés.

Une fillette de 6 ans représente la cour de récréation de son école. Son dessin comporte des enfants couchés de

part et d'autre de la cour, les bras et les jambes étalés à l'horizontale (voir ci-dessus).

Les exemples de rabattement sont nombreux et témoignent de la difficulté pour l'enfant de différencier verticalité et horizontalité. Ces deux notions ne sont donc généralement pas exprimées par le jeune dessinateur. C'est pourquoi l'enfant « rabat » la verticale et couche celle-ci à l'horizontale, sans se préoccuper aucunement de la perspective.

En fait, le dessin d'enfant exprime plus le monde personnel de son auteur que le monde extérieur. Ce dernier, lorsqu'il est représenté, constitue plutôt une création imaginative qu'une « photographie » du réel ; c'est une réalité vue et pensée à travers l'esprit enfantin, et souvent empreinte d'affectivité. Nous verrons plus loin, lors de l'interprétation des dessins, combien le monde fantasmatique de l'enfant est présent dans ses œuvres.

À l'âge du « rabattement » et de la « transparence », l'enfant dessine *ce qu'il sait*, dit Malrieu : le dessin ne représente pas le modèle que l'enfant a sous les yeux, mais ce qu'il en connaît. Il est fréquent de voir une tête de bonhomme dessinée de profil, avec deux yeux apparents... Ce stade où l'enfant dessine « tout ce qu'il sait » est celui du *réalisme intellectuel*, selon l'expression de Luquet.

Le réalisme visuel

Le « réalisme visuel » apparaît en principe entre 7 et 12 ans.

Mais ces âges ne sont pas forcément respectés, car ils dépendent en outre de plusieurs autres facteurs : niveau mental, milieu socioculturel, maturité affective.

Au cours de ce stade, l'enfant s'applique *à dessiner ce qu'il voit*. Cette vision du monde est plus objective. Si l'enfant dessine une maison, il en représente l'extérieur. S'il en dessine l'intérieur, il ne représente que ce qui est visible à travers les fenêtres.

Vers l'âge de 7 ans, on observe une évolution très importante : l'apparition du profil. Zazzo ajoute que ce changement est si caractéristique qu'il constitue en lui-même un degré du développement psychique de l'enfant.

Ce stade dure en principe jusqu'à 12 ans, puis laisse la place au stade ultime : celui de la représentation dans l'espace. Les dessins d'enfants deviennent alors plus artificiels, car plus élaborés.

Dessin et langage

Nous avons vu que la première trace que l'enfant laisse, c'est la tache. Puis le dessin se transforme, il devient gribouillage, qui devient à son tour griffonnage, comme si l'enfant voulait imiter l'écriture de l'adulte. Ensuite apparaît le « bonhomme têtard », rond unique qui va se scinder en deux (tête et corps). Dans le processus que nous venons de décrire, nous pouvons remarquer que si l'enfant dessine, il n'écrit pas. Il explique son graphisme en parlant, fait très important, car il associe langage et graphisme, sans faire la différence entre la trace et son commentaire. Il prête attention à la signification de ses dessins, même s'il donne des interprétations différentes de dessins de formes identiques. Cette attention s'associe au désir de communiquer.

Aux stades suivants, l'enfant n'a plus autant besoin du langage pour commenter ses dessins car ces derniers deviennent plus concrets et expressifs (réalisme visuel).

Ces deux stades de la représentation sont très importants dans l'acquisition symbolique du code graphique.

3

LE DESSIN, ÉCRITURE INCONSCIENTE

« Écrire consciemment, c'est se dessiner inconsciemment », estime Pulver, graphologue suisse. On peut aussi affirmer que dessiner, c'est une manière d'écrire comme on n'oserait sans doute jamais le faire, car, si l'écriture est standardisée pour être lisible par tous, le dessin, lui, laisse une plus grande liberté. L'espace est différent, il n'est pas soumis à la discipline stricte de l'écriture, qui exige d'écrire de gauche à droite, de former ses lettres le mieux possible et de mettre les points sur les *i* !

Le champ spatial du dessin est donc très différent. Le sujet dessine sur la partie de la feuille qui lui plaît, et cela, sans aucune contrainte. Le trait qu'il trace l'engage, car c'est son « écriture inconsciente ».

Le trait

L'intensité du trait permet déjà de classer le sujet : un enfant qui n'a pas confiance en lui, qui est timoré et inhibé, tracera des traits fins, à peine marqués ; il reviendra sans cesse sur son dessin et, au besoin, s'aidera d'une règle. En revanche, celui qui trace des traits fortement marqués, au point parfois de trouer le papier, sera un enfant agressif. L'enfant équilibré tracera des traits d'intensité contrôlée.

En général, les enfants qui font des dessins sales, confus, brouillons, sont des enfants qui peuvent présenter des difficultés d'écriture, c'est-à-dire de geste graphique. Les ratures et les gommages témoignent d'un manque de confiance en soi ; ce peut être aussi une manière de faire disparaître ce qu'on allait livrer...

Savoir tenir un crayon n'est pas si évident que l'on pourrait le croire. Bon nombre d'illettrés n'ont jamais eu l'occasion de tenir un crayon. Quelle dextérité il faut pour faire sien ce crayon qui prolonge la main ! Or, la main est mue par l'intelligence, l'émotion. Si l'apport culturel est pauvre, le dessin sera malhabile ; à première vue, on pourra parler de déficience. Ce n'est en fait qu'une pseudo-déficience intellectuelle, entraînée par la carence culturelle. Ce qui tend à montrer, encore une fois, que l'on ne peut analyser un dessin en faisant abstraction du milieu où vit l'enfant.

Laissons l'enfant libre

Lorsqu'un enfant dessine, il faut être attentif à ses réactions ; souvent, il parle et raconte une histoire en même temps, et c'est au fur et à mesure de son récit qu'il dessine les personnages. L'ordre d'entrée en scène de ces derniers est important : il reflète les préoccupations de l'enfant.

Dans les dessins d'enfants représentant des personnages (cela est surtout valable pour le « test de la famille »), les premiers dessinés sont loin d'être indifférents à leur auteur. Il faut observer l'enfant pour juger de l'intérêt ou du dédain avec lequel il va les traiter.

Il peut s'en débarrasser et les coucher sans délai sur la feuille, pour être sûr de ne pas les oublier ; il lui est aussi possible, suivant le style de relations nouées avec ses personnages, de les fignoler.

L'examinateur doit toujours être présent et ne pas gêner l'enfant. C'est pourquoi il est conseillé de se placer derrière lui. Si l'observateur se trouve en face de l'enfant, ce dernier peut se sentir gêné, ce qui, généralement, l'inhibe et fausse les résultats. De plus, l'enfant peut percevoir l'attente de l'adulte et tenter d'y répondre, et ainsi réprimer toute spontanéité.

Les mauvaises intentions et le dessin

Il arrive très souvent que l'enfant ait choisi un sujet, mais qu'en cours de dessin, son sujet se transforme et s'agrémente d'intentions qui n'avaient rien à voir avec celles du début. Ce changement d'intention est très révélateur des mécanismes inconscients du sujet.

L'enfant « normal » essaie le plus souvent de faire un dessin vrai, en accord avec la réalité ; or, il arrive parfois qu'un geste jugé maladroit (ce geste peut être rapproché du lapsus) change totalement l'aspect initial du dessin.

Voici le cas d'un garçon de 16 ans, qui doit dessiner « sa famille ».

Après avoir dessiné longuement « son père », François entreprend de dessiner « sa mère ». Il la représente démesurément grande par rapport au père ; se rendant compte de son erreur de proportions, il me demande une gomme, que je lui refuse. Lui donner une gomme ne me permettrait pas de voir le biais qu'il va prendre pour tenter de rétablir de plus justes proportions. François a alors l'idée,

intéressante, de placer un paravent devant le corps de «sa mère», qui se retrouve ainsi presque entièrement cachée.

Ce dessin, plutôt que d'être raturé, a été envisagé sous une optique différente et révélatrice. Ce changement d'intention peut être traduit ainsi.

La mère de François a en réalité une grande importance pour lui ; située au centre de la page, elle est bien le centre d'intérêt et de préoccupations de cet adolescent, qui s'est laissé aller à «narrer graphiquement» les sentiments œdipiens qu'il ressent pour elle. Lorsqu'il sort de cet état second où l'a plongé le dessin, il prend conscience de l'importance attribuée à la mère, se sent gêné et coupable à la fois. Il veut effacer cette image et en refaire une, conforme à la réalité commune. Le moyen, naïf, consiste à masquer l'intruse : le paravent, qui la camoufle pudiquement ! Nous reviendrons sur l'interprétation de ce dessin (voir page 174).

Lorsqu'un enfant omet une partie de la représentation de son dessin (si, par exemple, il dessine un «bonhomme» et oublie de lui faire des yeux ou des oreilles), en aucun cas l'examinateur ne doit le lui faire remarquer. D'une part, l'enfant est trop pris par son sujet ; d'autre part, la partie qu'il a oublié de faire figurer peut être révélatrice de ses problèmes. L'énergie psychique est mobilisée autour d'une idée qui l'accapare entièrement.

La géométrie du dessin

La feuille peut être divisée en deux zones verticales : la bande verticale, à gauche, représente le passé, et celle de droite, l'avenir. Le découpage de l'espace de la feuille indique également une référence temporelle, ainsi que les attachements parentaux : la gauche symboliserait l'attachement à la mère, c'est-à-dire au passé ; le centre, le présent ; la droite, l'attachement au père, c'est-à-dire le progrès, l'avenir. En outre, la gauche représente aussi l'introversion, et la droite, l'avenir, l'extraversion, parfois aussi l'autorité.

En fait, dans ce système à deux dimensions (schéma graphique de Pulver), pratiquement toutes les directions ont une signification.

Ainsi, les lignes dirigées vers le haut évoquent le mysticisme. Les lignes dirigées vers le bas révèlent le côté matérialiste. Les zones frontières associent les caractères de ces deux pôles contigus.

Toutes ces zones partent ou arrivent en un point : le centre, qui représente le « moi ». Les deux directions, centripète et centrifuge, indiquent l'introversion ou l'extraversion du sujet.

La nature des lignes, quelle que soit leur place dans la feuille, correspond bien souvent à deux types d'enfants.

Le doux, le sensible préfère les lignes courbes ; cependant, leur utilisation presque exclusive peut indiquer une certaine immaturité. Au contraire, les enfants réalistes et pleins d'initiative usent surtout de lignes droites et d'angles.

Le contrôle de l'impulsivité se traduit par un juste équilibre entre les lignes droites, notamment les verticales, et les courbes.

Une trop grande importance donnée aux lignes horizontales traduirait des conflits psychologiques.

L'utilisation préférentielle de petits points et de petites taches témoigne du tempérament méticuleux de leur auteur.

Comme pour l'écriture, la taille du dessin par rapport à la feuille revêt une grande importance. L'enfant qui remplit totalement sa feuille de dessin manque souvent de maturité.

L'enfant équilibré centre son dessin. En revanche, le sujet qui a trop de problèmes le situe de façon excentrique. Trop haut, il dénote l'orgueil ; trop bas, il est signe de stabilité : son auteur sera un « enraciné ».

Traits et sentiments

Peters et Merrifield ont demandé à des adultes de tracer une seule ligne qui représente successivement le mieux, à leurs yeux, la traduction de vingt-quatre adjectifs. Les termes « joyeux », « gai », « heureux » sont représentés par des lignes à tendance ascendante. « Triste », « mortel », « désagréable » sont plutôt traduits par des lignes descendantes. « Vif », « agité », « furieux » sont exprimés par des lignes brisées et irrégulières, c'est-à-dire des lignes actives.

L'intensité du trait intervient ici aussi : les adjectifs tels que « cruel », « furieux » sont fortement tracés. Mais « doux », « délicat », « tranquille » correspondent à des tracés légers.

Cette expérience est très importante. Elle permet de formuler l'hypothèse de la symbolique du geste graphique.

Le sens des bras en l'air

Le sujet qui dessine un personnage le dote, en principe, de bras et de jambes qui lui donnent, ou non, un aspect dynamique. Selon l'orientation de ces membres, l'examinateur jugera donc de l'optimisme ou du pessimisme de ce personnage qui est, en fait, la projection de son auteur.

En suivant le même principe, on peut d'ailleurs rapprocher le dynamisme des personnages et la direction des branches dans le « test de l'arbre ».

Si l'on considère le tracé de chaque personnage, on a de grandes chances de percevoir l'agressivité ou la tendresse que lui porte l'auteur.

Si, dans le « dessin de la famille », un enfant a représenté un père en traits épais et appuyés, une mère en traits légers, il y a de fortes chances que ce petit garçon ait mal résolu son complexe d'Œdipe et éprouve une certaine agressivité contre son père en même temps qu'une infinie tendresse pour sa mère. La variation d'intensité des traits renseigne sur les sentiments de l'enfant pour tel ou tel personnage de son dessin.

Si vous tentez à votre tour d'interpréter un dessin, songez que les mines de crayons sont parfois fragiles et cause de mauvaises interprétations !

Quoi qu'il en soit, à la vue d'un dessin, à l'aspect des lignes, un œil averti peut déterminer si l'auteur est gai ou triste, intrépide ou lent, déprimé ou fou de joie, ou simplement neutre.

4

LE LANGAGE DES COULEURS

Le symbolisme dans le dessin

Par « symbolisme dans le dessin », on entend les correspondances que l'on peut établir entre telles images et tels types de personnalité. Cependant, il est presque impossible de donner à la présence de tel ou tel élément un sens défini et immuable ; il existe certes une symbolique élémentaire du dessin, comme il en existe une pour le rêve. Mais ces symboles n'ont aucun sens si on les considère isolément, sans les englober dans un contexte.

Ce n'est pas parce que, une fois, un enfant aura dessiné des barreaux à une fenêtre, que le dessin témoignera de la mauvaise adaptation de l'enfant dans sa famille. Imaginez que cet enfant ait vu la veille un film sur les prisons : cette maison très spéciale peut l'avoir marqué au point de lui faire représenter des fenêtres à l'aspect étrange.

Ces éléments montrent, une fois encore, que l'interprétation des dessins d'enfants est complexe et ne peut être laissée à l'arbitraire.

Du dessin de Guillaume, 10 ans, se dégage une certaine monotonie, celle des dessins réalisés en classe. Il s'agit pourtant d'un petit garçon heureux et bien dans sa peau. Son dessin est l'illustration d'une poésie sur l'automne, saison mélancolique... Pour égayer cette scène, Guillaume a ajouté des oiseaux, un hérisson et un lapin, afin de « mettre de la vie » dans son dessin (voir cahier hors texte, page I).

Il est, comme on le voit ici, impensable d'interpréter un dessin unique, hors d'un contexte connu.

Le langage de la couleur

Il fait partie de ces symbolismes élémentaires, très nombreux, qui recouvrent les domaines les plus variés : êtres, choses, etc. Il semble remonter aux temps les plus reculés : on « voit rouge », puis on a une peur « bleue » ; on peut même voir parfois « la vie en rose ».

Les Anciens, pour leur part, associaient une couleur à une planète ou à un dieu. Le jaune renvoie au Soleil, l'astre plein d'éclat, et signifie générosité, foi. Le rouge est la couleur de Mars, avec son impulsivité, sa colère, son agressivité. Le bleu correspond à Jupiter, c'est-à-dire à la loyauté, à la paix, à la vérité. Vénus, liée au vert, traduit l'espérance, les échanges. Quant à la Lune, sa teinte blanche et pâle reflète la pureté, l'absolu, la justice.

Les mêmes Anciens avaient accordé, d'une manière empirique, un sens psychologique à chaque couleur. De nos jours, les influences de la couleur sont bien connues. Pour reposer et calmer, on utilise des tons pastel (les murs des cliniques sont souvent peints en bleu pâle, rose ou vert pastel). Pour stimuler ou favoriser le travail, les machines et les instruments des ouvriers sont le plus souvent colorés de teintes vives. On a également remarqué que les cabines téléphoniques peintes en rouge ont tendance à abréger les conversations, alors que le bleu les favoriserait. Et que penser de cet exemple révélateur, cité par M. Rousseau dans son livre *Les Couleurs* (Flammarion) : « Le pont de Blackfriars, à Londres, était tristement célèbre par le nombre de suicides que l'on y enregistrait : il était peint en noir, on le repeignit en vert vif ; le nombre de suicides diminua du tiers. »

Si la valeur psychologique du choix et de l'utilisation de la couleur est incontestable, l'interprétation psychologique des résultats ne peut être faite qu'en fonction de l'âge du sujet.

L'absence de couleur dans un dessin, ou uniquement dans certains thèmes, traduit un vide affectif, parfois une tendance antisociale. La couleur peut être utilisée dans ses différentes qualités : intensité, densité, irradiation à distance, tonalité, autant d'éléments qui valorisent telle ou telle partie du dessin. La juxtaposition de différentes couleurs, par exemple, donnera une impression d'harmonie ou, au contraire, choquera par son caractère criant et heurté, évoquant une perturbation le plus souvent d'origine affective.

L'enfant utilise ses couleurs de deux façons : d'une part, en imitant la nature : ciel bleu, herbe verte, soleil jaune ; d'autre part, en suivant son inconscient. Ce dernier point est le plus révélateur de sa pensée et de sa personnalité.

Le daltonisme

Bien sûr, ce code des couleurs n'a pas de réel sens chez le daltonien. Cependant, les couleurs peuvent servir au dépistage du daltonisme si le dessin présente des couleurs sales et/ou complètement différentes de la réalité (herbe rouge, ciel vert)...

Les dessins d'Édouard, 5 ans, sont grisâtres et tristes. C'est un petit garçon qui, nous dit son professeur, « ne rentre pas dans les apprentissages, ne comprend pas les consignes » ; quand on lui demande de coller des gommettes de couleur sur des stencils pour représenter une orange, il choisit des couleurs telles que le gris ou le bleu ! C'est un peu comme si Édouard faisait preuve de mauvaise volonté et n'était pas attentif aux consignes. L'enseignante, exaspérée, se plaint auprès des parents. Ces derniers grondent leur enfant « inattentif ». Ce cas fait pourtant penser à des troubles visuels. Rappelons aux enseignants et aux parents que le dépistage précoce du daltonisme peut aider l'enfant et surtout pallier les erreurs d'orientation.

Avant de parler psychologie, il faut donc toujours s'assurer que l'enfant voit bien et entend bien.

Le sens des couleurs

LE ROUGE : d'après le docteur Bouvet, son utilisation exclusive avant 6 ans est tout à fait normale. Sa tonalité diminue chez les enfants malades. Au-delà de 6 ans, il indique une tendance à l'agressivité, un manque de contrôle émotionnel.

LE BLEU : peut être utilisé par des enfants même au-dessous de 5 ans ; ceux-ci ont un comportement plus contrôlé que ceux qui utilisent le rouge. Son emploi à 6 ans correspond à une bonne adaptation ; il se substitue au brun lorsque l'enfant renonce vraiment à rester « bébé ». Utilisé exclusivement, il peut signifier un contrôle de soi trop important.

LE VERT : son usage est comparable à celui du bleu et traduit plutôt les relations sociales.

LE JAUNE : très souvent associé au rouge ou utilisé seul ; il révèle parfois une très grande dépendance de l'enfant vis-à-vis de l'adulte.

LE BRUN : ainsi que les teintes sales (régressives pour les psychanalystes) et parfois le jaune, il traduit une mauvaise adaptation familiale et sociale, ainsi que les divers conflits de l'enfant. Ces teintes « régressives » sont prisées par les enfants « butés ».

LE VIOLET : rarement utilisé par les petits, il est signe d'inquiétude. Il s'associe souvent au bleu et trahit une certaine anxiété. Il est surtout usité lors des périodes d'adaptation difficile ; son emploi est parfois renforcé par le vert.

LE NOIR : il peut être utilisé à n'importe quel âge et trahirait plutôt de l'angoisse. Il serait parfois témoin d'une richesse intérieure. Toutefois, son symbolisme est particulier au moment de la puberté, époque où il révélerait surtout la réserve et la pudeur des sentiments.

Pour interpréter le symbolisme de la couleur, il faut cependant tenir compte de nombreux autres éléments : influences culturelles, mode, lignes et formes, juxtaposition des couleurs qui marque un conflit entre deux tendances.

Ainsi, un enfant extraverti, à l'activité impulsive, à l'affectivité débordante, tourné vers l'extérieur, recherchant toujours les contacts, exprimant ses sentiments avec chaleur, mais qui montre parfois une certaine tendance à l'instabilité et que les chocs affectifs blessent facilement, bien qu'il paraisse insensible, utilisera un très grand nombre de couleurs, et principalement le rouge, le jaune, l'orange, le blanc.

En revanche, l'enfant introverti, avec lequel les contacts sont difficiles et dont les activités sont faibles, se contente de très peu de couleurs – en moyenne, une à deux –, principalement le bleu ou le vert, le violet ou le noir ou le gris. En général, un sujet stable, bien adapté socialement, utilise quatre à six couleurs.

Par ailleurs, le sujet, au cours de son évolution, ne va pas toujours utiliser les mêmes couleurs. Il pourra très bien passer par des périodes sans couleur ou, à l'inverse, très colorées.

La couleur n'a pas une valeur absolue dans l'interprétation ; toutefois, globalement, les couleurs franches et chaudes traduisent un bon équilibre ; en revanche, les couleurs sombres indiquent une tendance à la tristesse, l'anxiété, ou une opposition. Les teintes pâles traduiront un déséquilibre affectif ou une mauvaise santé.

Un test de la couleur

Shaw, en 1930, a mis au point le test de « la peinture au doigt ». Au stade anal, l'enfant éprouve du plaisir à malaxer ses excréments, mais l'interdiction parentale l'en prive ; c'est pourquoi persiste très longtemps chez lui (et même à l'âge adulte) la nostalgie de telles manipulations.

Dans ce test, le sujet a deux possibilités : travailler la pâte à pleines mains ou simplement prendre la peinture du bout du doigt. Les couleurs à sa disposition sont le bleu, le vert, le rouge, le jaune, le marron et le noir. Pendant une séance de peinture au doigt, le sujet dessine trois à huit tableaux.

L'interprétation tiendra compte de l'attitude du sujet face à la matière, puis face à la couleur. Les conclusions dépendent du style de participation apportée au travail de la matière. D'autre part, la couleur intervient ici comme représentative des tendances de l'auteur des tableaux.

L'extraverti emploie des couleurs nombreuses et franches, à l'opposé de l'introverti et de l'inhibé, qui se cantonnent dans une ou deux couleurs. Quant aux déprimés, leurs tons sont tristes, sans vie.

Ce contact avec la matière s'est révélé apte à l'extériorisation d'êtres inhibés, qui arrivent par ce biais thérapeutique à s'extérioriser rapidement. Cette manipulation, avec libération verbale possible, aide à résoudre certains conflits datant du stade anal. La valeur de décharge agressive est utilisée en psychothérapie. C'est d'ailleurs le but de son utilisation.

5

LES SYMBOLISMES ÉLÉMENTAIRES[1]

La maison

Son dessin est très révélateur de la personnalité et du caractère de l'enfant. C'est un de ses thèmes favoris. Elle renferme de nombreux symboles – l'abri, la chaleur familiale, l'ouverture sur le monde extérieur, etc. « Toute construction ressemble à l'homme, elle est anthropomorphe, elle a un visage, des yeux, une bouche, des oreilles, des fonctions et même une âme », écrit Bachelard dans sa *Poétique de l'espace.*

Les enfants dessinent donc la maison comme une personne et expriment à travers elle la construction de leur propre « moi ». Les dessins de la maison répondent à une évolution stéréotypée : « Il y a la maison-hutte en forme de meule ou d'igloo, c'est-à-dire d'utérus ; la maison-Dieu, tout en hauteur et de caractère phallique ; la maison sociale, l'église et ses variations : moulin à vent, usine, etc. » (Pierre Bugard).

L'interprétation

L'interprétation tient compte en fait de la maison elle-même (portes, fenêtres, ornements) et aussi de son

1. Des tests de dessins utilisent ces symbolismes élémentaires. Nous pouvons citer, outre le test de l'arbre, le H.T.P. (House, Tree, Person) de J. N. Buck (1947), qui consiste à faire dessiner à l'enfant une maison, un arbre, une personne.

environnement (chemins, arbres, jardins, barrières), qu'il existe ou non.

Le plus souvent, l'enfant dessine une maison banale, conventionnelle, sans relief, dont il ne représente que la plus grande façade. Une maison bien centrée, aux fenêtres ouvertes, avec plusieurs portes, témoigne d'un enfant au caractère facile, démonstratif, ouvert. Quant à l'environnement, il est généralement discret et harmonieux.

Au contraire, si la maison est petite, si l'enfant n'a pas utilisé toute la feuille, si les fenêtres sont minuscules, voire inexistantes et si l'environnement est parsemé d'éléments isolés ou de très grands arbres, ce dessin traduit des troubles affectifs :

- entre 6 et 8 ans : timidité, attachement à la mère ;
- au-dessus de 8 ans : sentiment d'infériorité, d'isolement ;
- à la puberté : ce genre de dessin révèle plutôt la pudeur des sentiments et la sensibilité de l'enfant.

Si la maison *« déborde »*, il est hautement probable que son jeune auteur ait soif d'affection, d'adaptation ou de maîtrise de ses pulsions.

Les maisons en forme de *château* représentent le refuge idéal. Quant au château fort, il traduit, d'après Françoise Dolto, une représentation défensive de l'image du corps « représenté sans toit trapézoïde, avec des créneaux, des dents, des tours comme les maisons-Dieu ou encore elles aussi, sans triangle, avec des créneaux ». D'autre part, une maison à l'aspect rébarbatif signifie, en général, que l'enfant ressent l'emprise de sa famille et qu'il la vit comme une suppression de liberté.

À tous les âges, l'*isolement* de la maison – absence de porte, de chemin, ou présence de barrières excessives – évoque l'échec.

Les *fenêtres* sont le plus souvent ouvertes et, jusqu'à 6 ans, on les trouve, la plupart du temps, plaquées de chaque côté de la façade, contre le trait du mur, phénomène appelé « remplissage ». L'enfant, jusqu'à cet âge, ne peut concevoir le vide ; c'est pourquoi il remplit son dessin le plus possible. Au-dessus de 6 ans, ces fenêtres de côté peuvent traduire un retard intellectuel et spatial et/ou une perturbation affective sérieuse.

Le *chemin* est très important ; il mène à la porte de la maison et, chez les enfants perturbés, il peut être fermé en cul-de-sac, rempli de noir ou de rouge (anxiété ou agressivité).

Il existe le plus souvent deux *cheminées*. Généralement, ces dernières sont représentées par paire. Certains y voient la présence du père et de la mère.

Les maisons du divorce

Les enfants dont les parents sont séparés dessinent généralement deux maisons : la maison du père et la maison de la mère.

Sophie, 7 ans, dont les parents ont divorcé quatre ans auparavant, et à laquelle l'institutrice a demandé de dessiner une maison, en représente spontanément deux. On peut remarquer que, si elles sont identiques, l'une est toutefois plus féminine que l'autre, grâce à la présence de fleurs ; ce pourrait être celle de la mère et l'autre celle du père...

La maison de l'orphelin

D'après une étude menée par Corinne Ribault, les enfants élevés en orphelinat ne dessinent pas les mêmes maisons que ceux élevés dans leur famille. Les petits orphelins ont tendance à recouvrir toute la page et à encadrer la maison de verdure, d'avions, de voitures, de parachutes ; l'enfant, outre la maison, dessine n'importe quoi. La représentation est hétéroclite.

On peut reconnaître ici la difficulté qu'a l'orphelin à mobiliser son attention autour d'un symbole qui, pour lui, n'existe pas vraiment, alors que la voiture, l'avion, la nature sont des éléments plus proches de lui, plus familiers ; le déséquilibre et l'incohérence sont souvent frappants. L'orphelin, replacé dans une famille, et auquel on demande de dessiner une maison, en dessine parfois deux : le foyer et la maison imposée.

Les chemins, ici, sont plus nombreux ; ils peuvent apparaître comme des appels au secours pour sortir de ces maisons ; certains y voient le symbole de la fugue, du désir d'évasion.

Nombreux sont les petits orphelins qui oublient de dessiner portes et fenêtres ; ou, s'ils les représentent, c'est plus petites et moins nombreuses que chez les autres enfants. Ces enfants traduisent ainsi leurs difficultés de communication avec le monde extérieur ; c'est aussi le signe d'un repli sur soi.

Les orphelins dessinent souvent une seule cheminée sur le toit de leur maison ; on peut peut-être « voir là le symbole de la présence de la mère ou du père au foyer ».

L'arbre et son évolution

« L'arbre est le symbole de l'homme, par analogie avec la station debout. Il est aussi symbole de croissance et de fécondité, de puissance et de mystère » (Didier Anzieu).

Comme le « bonhomme », l'arbre suit une évolution en rapport avec l'âge de son auteur.

L'enfant normal va dessiner des arbres divers au cours de son développement.

Les premiers arbres sont des « gribouillis » ; puis, comme le « bonhomme », ils adoptent le style « têtard » ; ensuite, le tronc s'élargit vers le bas et ne repose sur rien ; mais, au stade suivant, la ligne de sol coupe le bas du tronc, l'arbre prend racine : cette nouvelle étape correspond à une bonne insertion dans la vie familiale et sociale.

Vers 8 ou 10 ans, l'enfant dessine l'« arbre boule » : tronc et feuillage sont symbolisés par une ligne continue arrondie. Plus l'enfant grandit, plus son arbre acquiert les caractères d'un type végétal particulier.

Si, au-delà (et bien au-delà) de 10 ans, l'enfant dessine encore un « arbre boule », cela peut traduire un retard intellectuel ou affectif. Différents caractères, dans l'interprétation, devront être recherchés.

La situation de l'arbre sur la feuille de papier est très importante : le célèbre graphologue Max Pulver l'a schématisée.

Sur une feuille de papier format 21 × 29,7 cm, le haut représente la zone intellectuelle, spirituelle, le contact avec l'environnement, le milieu. C'est le « moi » du sujet, sa conscience éveillée, ses sentiments. À l'inverse, le bas représente l'inconscient, les instincts, la vie éroticosexuelle ; la gauche, l'introversion, le passé, l'égoïsme, l'attachement à la mère ; la droite, l'extraversion, le progrès, l'altruisme, l'attachement au père.

Ainsi, un enfant qui dessine son arbre sur la partie droite de la feuille est tourné vers le progrès, la sociabilité et est sans doute attaché à son père. Au contraire, s'il dessine son arbre sur la partie gauche de la feuille, il est plutôt tourné vers l'égoïsme, la peur de l'avenir, l'attachement à sa mère.

Il convient également d'étudier avec attention la structure de l'arbre, qui se compose de deux parties : le noyau, partie stable (racines, tronc, branches), et les éléments de décoration (feuillages, fruits, environnement).

Le tronc représente le « moi » stable de l'individu. Le branchage, lui, exprime comment le sujet a su exploiter sa personnalité vis-à-vis de son environnement. Ainsi, la direction centripète ou centrifuge indique l'introversion ou l'extraversion du sujet.

Tout « accident », sur le tronc ou sur les branches, signifie un traumatisme antérieur, d'autant plus récent qu'il se situe plus haut sur le tronc. Une base large révèle un enfant surtout matérialiste. En revanche, si l'arbre est surtout dirigé vers le haut, l'enfant fera preuve de spiritualité et de mysticisme.

Le test de l'arbre

Le test de l'arbre a été créé simultanément par Buck et Koch. Ce test a été étudié en France par Renée Stora, qui propose comme consigne : « Dessinez un arbre, n'importe lequel, sauf un sapin. » Puis, une fois le dessin terminé, elle donne une deuxième feuille de papier et demande au sujet de dessiner « un autre arbre, n'importe lequel, mais toujours pas de sapin ». Ce dernier arbre dessiné, Renée Stora donne une troisième feuille et dit : « Dessinez un arbre de rêve, un arbre d'imagination, un arbre qui n'est pas dans la réalité, dessinez-le comme vous voudrez. » Enfin, dernière consigne, qui doit être appliquée à la lettre : « Dessinez un arbre, n'importe lequel, en fermant les yeux, celui que vous voulez. »

Grâce à la série de dessins obtenue, il est possible de décrire la personnalité du sujet : le premier dessin « permet d'enregistrer le comportement en milieu inconnu, étranger », car le sujet exerce un contrôle sur lui-même.

Dans le deuxième dessin, le sujet relâche généralement sa surveillance et, ce faisant, se livre mieux.

Dans le troisième dessin, « l'arbre de rêve », apparaissent principalement les tendances insatisfaites. Il faut cependant se méfier de l'arbre trop original qui, en fait, traduit le décalage entre la réalité et le rêve.

R. Stora conseille à l'examinateur de demander : « En quoi ce dessin est-il celui d'un arbre de rêve, d'un arbre d'imagination, d'un arbre qui n'est pas dans la réalité ? » Grâce à la réponse donnée, l'attention est « attirée sur la façon dont les traits invoqués ont été exécutés dans les deux premiers dessins, ou, s'ils sont absents, sur ce par quoi ils ont été remplacés ».

Le quatrième dessin, tracé les yeux fermés, indique les situations mal vécues dans l'enfance et qui réapparaissent en exerçant une influence sur le comportement actuel du sujet.

Cependant, avant de se précipiter dans une interprétation « brillante », il convient de mesurer le degré d'affirmation du sujet : les sujets à forte personnalité auront un trait appuyé, parfois pâteux ; les enfants facilement impressionnables, eux, dessineront d'un trait léger, en ayant surtout recours aux courbes.

Le « test de l'arbre » peut être développé sous hypnose et être révélateur d'« états névrotiques » : branches aux lignes enchevêtrées chez l'enfant menteur, branches dénudées dans les névroses ; arbres asymétriques et très pointus chez le sadique.

Il existe même un arbre particulier, l'arbre anthropomorphisé. Ce cas limite démontre que l'arbre, comme le bonhomme, représente le sujet qui le dessine, c'est-à-dire constitue sa projection.

La représentation des animaux

Les animaux sont familiers aux enfants qui, même s'ils ne les ont jamais vus, les connaissent bien. Les livres, les films, les fables leur en dévoilent tous les secrets. L'enfant n'a pas besoin d'être face à un lion pour en connaître les dangers.

Le langage a attaché un symbole à l'animal. L'ours est mal léché, on est fier comme un paon, malin comme un singe, changeant comme un caméléon. Un bestiaire très humain, en somme...

Pour l'enfant, la rencontre avec les animaux obéit à une relation affective : l'animal lui est sympathique ou antipathique. Il se métamorphose en être véritable, il a le caractère propre aux animaux de sa race. C'est pour ces raisons que l'enfant préférera parfois représenter des animaux plutôt que des êtres humains ; il semble même que l'on puisse y ajouter une autre motivation : inconsciemment, l'enfant peut par ce biais masquer, voire censurer ses problèmes affectifs. En effet, l'animal représente l'enfant, ainsi que ses relations avec l'extérieur.

Le plus souvent, l'animal représenté est un animal domestique, ce qui traduit généralement une bonne adaptation de l'enfant à son environnement. Mais il importe de mieux considérer la question : un enfant apparemment bien adapté peut camoufler ses problèmes affectifs (en particulier agressifs) dans la représentation d'un animal, certes commun à première vue, mais néanmoins révélateur : le chien mord et aboie, le chat sort ses griffes... Cet aspect sauvage de l'animal familier doit être toujours recherché.

Dans d'autres cas, la présence animale peut exprimer naïvement le désir d'être choyé et d'avoir une famille normale.

Voici par exemple un petit garçon de 8 ans dont les parents sont divorcés. Issu d'un milieu socioculturel défavorisé, il dessine toujours le même thème, une famille : c'est un coq, une poule et ses poussins... L'enfant s'identifie naturellement aux poussins. Cette famille est en fait sa famille idéale : le père-coq, la mère-poule et ses petits, peut-on rêver mieux ? Mais, en dessinant cette famille, ce petit garçon ne révèle-t-il pas aussi la triste réalité : le coq au vin, la poule au pot, les œufs battus ?

Outre qu'elle offre la possibilité de découvrir les problèmes d'un enfant, cette représentation animale peut révéler le trait dominant de son caractère, cela particulièrement dans la mesure où un thème apparemment banal se répète dans les dessins faits spontanément ; à ce titre, le dessin du chien est intéressant.

Le chien

Le chien peut être considéré de plusieurs façons : fidèle à son maître, mais aussi, bien souvent, tenu en laisse (son initiative et son indépendance sont très relatives). Il peut être maltraité sans qu'il n'oppose de révolte et envié pour les caresses qu'il reçoit.

La signification symbolique du chien est donc ambiguë. Le thème de l'animal caressé – chien, chat – est fréquent chez les petits, qui aiment être cajolés ; cependant, après 10 ans, ce thème traduit un problème affectif.

Dans le dessin de la famille d'enfants maltraités (battus ou abusés), on retrouve souvent, dans un coin de la feuille, l'enfant et le chien d'un côté, et le reste de la famille de l'autre, comme si l'enfant s'identifiait à l'animal.

Les animaux féroces et le père

Les animaux féroces et effrayants – loups, crocodiles, tigres, etc. – peuvent traduire l'image du père que l'on craint. Ces mêmes animaux, placés en face du héros, valorisent au contraire ce dernier.

La férocité, quel que soit l'animal représenté, témoigne des angoisses et de l'anxiété de l'enfant qui l'a dessiné. Plus particulièrement, on peut remarquer que la libido se traduit volontiers de façon équestre (Aubin).

Les oiseaux et les poissons

Les oiseaux, par leur vol, traduiraient un certain mysticisme, alors que, dans leur nid, ils concrétisent le foyer ou, au contraire, « le paradis perdu » (Aubin). Chez un enfant d'une dizaine d'années, cette dernière image du nid révélerait la persistance d'une certaine forme d'immaturité affective.

Les poissons apparaissent souvent dans un contexte heureux ; ne dit-on pas « heureux comme un poisson dans l'eau » ? Les vacances à la mer permettent souvent à l'enfant de contempler des poissons colorés. Cependant, il arrive que l'enfant représente le poisson victime au bout de la ligne d'un pêcheur. Qui est ce pêcheur : le père ou une autre autorité ? Le poisson victime est-il l'enfant ? Des investigations plus poussées peuvent seules permettre de trancher.

Quant au dessin que l'on rencontre parfois, un petit poisson dans la gueule d'un requin, il ne me paraît pas nécessaire de commenter cette image suffisamment éloquente.

Une place à part doit être faite aux êtres fantastiques, qui laissent transparaître l'angoisse de l'enfant ; mais ce bestiaire revu et corrigé se rencontre plus fréquemment chez les enfants malades mentaux.

D'une façon générale, il ne faut jamais oublier que les dessins d'animaux peuvent être narratifs, ou avoir été provoqués par une séance de cinéma ou de lecture ; seule, la répétition de ces thèmes est importante dans la représentation.

Cette complaisance que certains enfants mettent à intégrer des animaux dans leurs dessins traduit parfois de lourds problèmes d'ordre relationnel avec les êtres humains. On pourrait rapprocher cela de l'interprétation des rêves dans lesquels, pour Freud, les animaux sauvages traduisent les mauvais instincts.

Les astres

Le soleil

Le soleil, qui nous chauffe et nous éclaire, joue un rôle capital dans notre vie. Son apparition dans les dessins d'enfants est liée à des notions importantes. En vérité, cet astre est indispensable et sa présence dans un dessin traduit l'influence paternelle : un enfant qui a de bonnes relations avec son père représentera un soleil bien chaud aux rayons en couronne. En revanche, dans le cas inverse, le soleil sera pâle, voire « caché par une montagne » (Aubin).

Si le père est mal accepté ou redouté, le soleil ira jusqu'à revêtir des tons agressifs (rouge) ou anxiogènes (noir).

Le beau soleil brillant représente le père idéal. On peut noter que c'est un symbole masculin et que, dans certains dessins où l'enfant représente une présence féminine, à l'exclusion de tout autre personnage, il y a souvent un soleil : c'est une présence mâle, et, dans la majorité des cas, celle du père. Par ses rayons, le soleil auréole et valorise les êtres ; ainsi, un héros est souvent représenté « avec le soleil » qui, en quelque sorte, le nimbe de gloire. Cet astre représente donc l'autorité, celui qui a de l'ascendant sur les autres.

Une meilleure connaissance de l'enfant acquise, essentiellement grâce à une série de dessins, est là encore indispensable : sous des thèmes en apparence banals peut se cacher une préoccupation, un souci qui tracasse l'enfant et qui peut s'éclaircir à la lumière d'un soleil !

Une petite Malgache de 6 ans, à qui j'avais demandé de dessiner sa famille, en a donné un tableau charmant : elle s'est représentée en fille-fleur, comme ses deux sœurs, la mère étant « marguerite » ; puis, en haut de la feuille, elle a dessiné six soleils de couleurs différentes, qui témoignaient de la présence d'hommes au foyer. Je ne fus guère surprise d'apprendre que cette fillette avait cinq frères, plus le père, c'est-à-dire six mâles à la maison... Bien que nombreux, les soleils ne réchauffaient que faiblement les filles-fleurs et la marguerite-mère.

La lune et la nuit

Lorsque la lune apparaît dans les dessins, elle peut être interprétée de diverses manières. Elle est essentiellement le symbole de la nuit, dont elle recèle les mystères ; mais cette nuit peut être sombre, ténébreuse et, par conséquent, peut favoriser les fantasmes et être la source de nombreuses angoisses enfantines.

Elle est aussi, pour certains enfants, le théâtre où se nouent les relations amicales et amoureuses des grandes personnes. Dans la majorité des cas, l'enfant qui a inopinément assisté aux rapports sexuels de ses parents demeure troublé ; dans ses dessins, les scènes se situent de préférence la nuit, sans doute pour les camoufler et les démystifier.

La lune, elle, est souvent associée à la mort : quand elle apparaît, le soleil, source de lumière et de chaleur, disparaît, et tout semble sans vie. Elle peut cependant avoir aussi une signification opposée à celle-ci (ténèbres et fécondation) et demeurer voilée de mystère, de poésie, d'inaccessible et d'irréel : qui n'a jamais été « dans la lune » ?

Hélas ! la poésie s'est envolée le jour où Armstrong y a posé le pied, et sa face cachée n'a plus de secret pour personne. Il faut tenir compte dans les dessins d'enfants de cette démystification due à la technologie. Cela revient à déplacer la poésie de l'inaccessible sur une autre planète du cosmos !

Le ciel

Par son existence même, et par tout ce qu'il peut receler (astres, nuages, oiseaux, avions, fusées, etc.), il est le symbole des aspirations ; par la pureté de l'infiniment grand, il illustre la perfection. C'est le symbole de « l'ascension ». Les dieux y demeurent, aussi est-il parfois associé à la notion de sacré ; au-dessus, il y a l'au-delà.

Une petite fille de 5 ans, dont la mère « est montée au ciel », a représenté un ciel peuplé de nuages anthropomorphes d'un gris triste ; le ciel, bleu foncé, recouvre les deux tiers de la feuille.

Pour l'enfant, l'idée de la mort peut donc être liée au ciel et traduire son angoisse. Mais le ciel, c'est aussi l'ouverture sur l'imagination extraterrestre. Les Lunaires et les Martiens ne sont-ils pas devenus les héros de nos apprentis astronautes ?

Les éléments

La terre

À l'opposé de ces symboles relevant de l'imaginaire, la terre est l'image statique, sécurisante, symbole de l'équilibre et de la stabilité. N'a-t-on pas « les deux pieds sur terre » ? À partir de cette simple expression, on peut rattacher à l'image de la terre une des principales règles de la société.

Mais la terre représente aussi la fertilité, la naissance des végétaux, la richesse du sol. C'est le support de l'eau. En tant que telle, elle apparaît rarement dans les dessins, sinon de façon indirecte, à travers les arbres, les fruits (symboles de la féminité fécondée), les fleurs (symboles de la féminité esthétique) et, enfin, les accidents montagneux, rocailleux et pierreux (symboles de la solidité et de l'immuabilité des choses).

Le feu

Son symbolisme rappelle fortement celui du soleil ; il est, comme lui, lumière, chaleur, virilité et gloire ; mais il détruit aussi et, de ce fait, est lié à une notion de purification. Un cas particulier est celui du flambeau qui, en fait, concrétise le phallus (Aubin). Il y a bien souvent de la fumée dans les dessins d'enfants, mais rarement du feu ! Nous verrons plus loin, dans l'interprétation des cas, que la présence du feu peut aussi révéler une énurésie (voir page suivante).

Jean-Pierre, 9 ans, a représenté une pièce chauffée par un poêle à hublot, à travers lequel on peut voir les flammes. Comme je lui demande la raison de ce feu, il me répond : « C'est pour réchauffer ma mère. »

L'eau

Elle est un des principaux symboles féminins ; liée à la mère, elle représente souvent tout ce qui touche à la naissance. Quant à la pluie, son style hachuré rappelle les traits striés caractéristiques des anxieux.

La présence d'eau est fréquente chez l'enfant énurétique.

Peut-on déceler l'énurésie par le dessin ?

Prétendre qu'il y a un dessin spécifique de l'enfant énurétique est de toute évidence un leurre, mais il est vrai qu'il existe certains types de dessins qui peuvent nous aider à diagnostiquer une énurésie, alors que la famille et/ou l'enfant la taisent. Quand l'énurésie persiste, on peut évoquer l'hypothèse d'une maltraitance ; ainsi Maria, qui subit des abus sexuels de la part de son père, traduit par son énurésie le constat qu'elle n'est plus capable de maîtriser ce corps qui ne lui appartient plus.

Voici deux dessins d'enfants énurétiques.

La rivière

Maria, 10 ans, dessine une scène familiale au bord de la rivière. Elle-même et son frère de 12 ans sont énurétiques. On note que seuls les vêtements de ces deux enfants sont bleus. Surtout, le bleu et les reflets dans l'eau sont nettement soulignés (voir cahier hors texte, page II).

Quand l'eau s'étale avec autant d'insistance dans un dessin d'enfant, il est licite de soupçonner une énurésie. En outre, elle peut être le signal d'un abus sexuel ; l'enfant ne contrôle plus son corps. C'est le cas dans ce dessin. L'anamnèse nous apprend que le frère aussi a été abusé par le père.

Le pompier

Alain, 6 ans et demi, commente ainsi son dessin : « Un squelette méchant qui entoure les étoiles, la lune explose. Un pompier arrive et met de l'eau sur le squelette pour lui ôter ses pouvoirs. Le fantôme en bleu est gentil... » (voir cahier hors texte, page II).

Le « pompier qui éteint le feu » est un thème fréquent dans les dessins d'enfants énurétiques.

Dans son commentaire, Alain est clair : il succède au fantôme. En effet, il est le troisième et dernier garçon de la fratrie. Il succède à un drame : le deuxième garçon de cette fratrie est mort dans son berceau, étouffé par une bille. Alain est né neuf mois après le décès de son frère. Ses parents ne lui ont jamais parlé de ce drame. Mais on se doute que son frère aîné, qui avait alors 4 ans et qui a assisté à diverses scènes, a dû raconter ce que l'on peut verbaliser et élaborer quand on est témoin d'un tel drame à 4 ans.

Alain, « énurétique », veut détruire le deuxième fantôme, gentil et bleu. Le bleu rappelle fortement la couleur de l'eau. Alain est peut-être énurétique pour éteindre par l'eau ses angoisses nées du secret.

Le bateau

Porté par les flots, il est en cela un symbole féminin ; mais d'autres significations lui sont aussi rattachées : la solitude, le désir d'évasion.

Quand un enfant dessine un bateau, il est bon de lui demander qui figure dedans : les réponses obtenues, vous pourrez le constater, sont très éloquentes.

Les enfants préoccupés par les questions sexuelles dessinent des cargos dotés d'énormes cheminées phalliques. Quant aux bateaux de guerre, ils traduisent une certaine anxiété ou de l'agressivité : tout dépend du contexte.

Les clous et les sens interdits

Le passage clouté est un motif récurrent dans les dessins d'enfants. Il signifierait le devoir, la contrainte sociale ou familiale. Aux clous est souvent associé « l'œil d'un sens interdit » qui, en fait, symbolise le chemin censuré, les tendances insatisfaites.

La constance des symboles

Les dessins d'enfants du même âge, bien que comparables dans leur évolution, ne se ressemblent cependant pas. Chaque enfant est différent. Certes, si deux enfants dessinent un « bonhomme têtard », il y a de fortes chances pour que ce « bonhomme » réponde en gros aux mêmes critères (une bouche, des yeux et un nez, si les deux enfants sont, par exemple, âgés de 4 ans). Mais, si l'évolution est semblable, les dessins, eux, diffèrent : forme du corps, nombreux détails (notamment la couleur), environnement, situation du « bonhomme », placement dans la feuille. Ce sont ces différences qui caractérisent la personnalité de l'enfant.

Ainsi, Yoann, 4 ans représente sa mère avec des boucles d'oreilles ; ce sont les deux points de part et d'autre de la tête du bonhomme têtard ! (Voir ci-contre.)

La règle veut que les dessins, ou plutôt leur contenu, ne varient pas d'une fois à l'autre. Cela peut se comprendre aisément.

Quand un enfant dessine, il projette sa personnalité tout entière dans son dessin ; quel qu'en soit le thème, il s'y livre. Or, sa personnalité ne varie pas du jour au lendemain ; et c'est justement parce qu'il y a permanence des symboles qu'il est possible d'interpréter les dessins valablement, en faisant abstraction des références occasionnelles.

Prenons l'exemple d'un enfant qui dessine un cow-boy. Il se peut qu'il ait vu la veille un western, et ce film a pu motiver ce « bonhomme » agressif, armé jusqu'aux dents, qui n'est que le reflet d'un « héros ». Si l'on ne retrouve pas les symboles de ce dessin dans une série de thèmes, il serait abusif d'en tirer des conclusions sur la personnalité de l'enfant. Mais, si l'on constate que ce thème agressif, d'abord isolé, se répète, c'est que, dans ce cas, les circonstances ont permis à l'enfant de trouver le « bonhomme » qui lui correspondait et qui concrétisait ses structures profondes.

Les omissions

Dans l'interprétation des dessins, il faut tenir compte non seulement des caractères positifs (c'est-à-dire ceux que nous venons de considérer dans leur expression symbolique, isolée ou comparative), ainsi que des histoires que narre l'enfant en dessinant, mais aussi de ces caractères négatifs que sont les omissions ou encore l'absence de telle ou telle partie du dessin.

Les omissions peuvent en effet être extrêmement significatives. Toutefois, il faut éliminer les cas d'omission où l'énergie psychique de l'enfant est mobilisée autour d'une idée qui l'accapare entièrement, au point de lui faire oublier ce qui, pour nous, est évident, mais qui relève pour lui du domaine de l'inconscient.

C'est cependant par le biais de l'omission inconsciente que l'enfant va le plus souvent révéler ses problèmes. Car, à côté de ces omissions, fréquemment dues à la distraction, il en est de beaucoup plus significatives, qui traduisent ses problèmes affectifs ou sociaux. Ainsi l'absence de porte ou de chemin, dans le dessin de « la maison », évoque le repli sur soi-même, l'incommunicabilité.

Les omissions dans les dessins de personnages sont souvent beaucoup plus évidentes : des personnages sans bouche révéleront encore l'incommunicabilité ou quelque interdit.

La crainte de trop en dire

Lorsqu'on fait passer un test de dessin à un enfant, il arrive que celui-ci ait l'intuition de ce que l'on cherche à connaître ; il tente alors, tant bien que mal, d'échapper à des investigations qu'il juge trop indiscrètes. Cependant, par ses manques, par ses représentations inexactes ou bâclées, par ses hésitations, l'enfant libère ses problèmes ; en voulant garder son secret, il le révèle indirectement.

Je me souviens du cas d'un garçon de 11 ans, auquel j'avais demandé de dessiner un personnage, ce qu'il exécuta normalement : il représenta un bonhomme. Comme je lui demandais de dessiner une personne du sexe opposé, il refusa.

Ce refus ne me surprit pas beaucoup : sa mère était une prostituée. Or, pour cet enfant, l'image d'une personne du sexe opposé était sa mère, ce qui le culpabilisait au point de l'inhiber.

Comme second dessin, ce jeune garçon exécuta, de son propre chef, un champ de blé, clairsemé de coquelicots et de marguerites, bordé d'une rivière ; le ciel était nuageux et sans soleil.

Dans ce second dessin, la présence féminine de la mère était soulignée par divers symboles : les fleurs, l'eau, symbole de la naissance ; et l'on peut comprendre aisément que cet enfant ait été tourmenté par de tels problèmes. Enfin, le ciel nuageux, sans soleil, traduisait une absence de représentation masculine. Ce dessin tout simple témoignait donc de la grande tendresse de ce garçon pour sa mère, et du désir de lui épargner une représentation qui aurait pu lui porter préjudice ou la dévaloriser.

6

LA PERSONNE HUMAINE

Les personnages

On retrouve dans les personnages les mêmes traits que dans les autres symboles, mais peut-être de façon encore plus révélatrice. L'enfant projette tout son moi dans ses dessins ; sans doute, quand il dessine un « bonhomme », c'est lui qu'il dessine ; mais la représentation des autres personnages a tout autant d'importance. Ceux-ci vont apparaître sous des aspects bien divers : soit ils sont intégralement représentés ; soit il y a des manques (omissions) ou, au contraire, des éléments superflus.

Le corps fantôme (Thomazi)

Le corps fantôme est un aspect particulier du personnage en forme de « têtard » : celui-ci est en effet représenté sans corps, si ce n'est un nombril ou un bouton entre les deux pattes d'un « bonhomme » ! Ce stade correspond au phénomène de « remplissage », époque, nous l'avons vu, où l'enfant n'a pas encore assimilé la notion de « vide ».

Le ventre à l'air

C'est une des représentations de la « transparence » : on voit, à l'intérieur, le thorax et l'abdomen, comme dans le dessin particulièrement démonstratif d'une fillette de 7 ans (voir page 209).

Le portrait-robot

Il comprend divers éléments : la tête, le corps, les membres, auxquels s'ajoutent des détails. Il peut être nu ou habillé, fumer une cigarette, porter la barbe, une valise, un parapluie...

Le visage est l'élément essentiel du personnage, celui qui l'« humanise ». Il peut être bien proportionné ou au contraire énorme chez les très jeunes enfants, qui font souvent de grosses têtes à leurs personnages.

Plus tard, ces « grosses têtes » sont pathologiques et se rencontrent le plus souvent chez les paranoïaques, qui souffrent d'une hypertrophie du moi. En revanche, les petites têtes sont fréquentes dans les dessins de déprimés, ou chez ceux qui ont tendance à se dévaloriser et souffrent d'un sentiment d'infériorité.

Ainsi, la tête, centre du moi, révèle bien des aspects, par les implications diverses entre tous ses éléments.

Le nez

C'est un équivalent phallique ; il est déformé lorsqu'il y a des problèmes sexuels. Il est très long en cas d'angoisse de castration, par exemple.

Les yeux

« Miroirs de l'âme », ils révèlent profondément le sujet et le regard qu'il porte sur le monde. Beaucoup de symboles peuvent y être associés, depuis la puissance magique du « mauvais œil » jusqu'à l'œil de l'hypnotiseur.

Mais l'œil assure aussi notre sécurité, en nous prévenant des dangers. D'autre part, c'est lui qui nous sert à « faire du charme »... Cet aspect esthétique apparaît surtout chez la fille ou le garçon à tendance homosexuelle ; tous deux dessinent souvent l'œil grand.

Les sourcils, bien tracés, accentuent encore cette tendance. En revanche, dans les dessins des enfants primitifs et des agressifs, ils apparaissent hirsutes.

Les cheveux

Ils représentent un attribut sexuel certain et sont fréquemment coiffés et bouclés dans les dessins des narcissiques.

Les oreilles

Elles sont faites pour apprendre et entendre. Les enfants avides de culture les représentent grandes. Elles peuvent être énormes chez l'enfant qui entend mal, quoique, le plus souvent, elles fassent défaut dans leurs dessins, signe d'incommunicabilité.

La bouche

Elle symbolise la parole (moyen de communication), les aliments, ainsi qu'un certain érotisme. Symbole de la prise de nourriture, elle est liée à la mère, car c'est à elle que revient le rôle de nourrice ; pour le tout jeune enfant, la mère est nourriture ; pour les psychanalystes, l'enfant qui tète sa mère mange sa mère.

L'enfant qui omet de représenter une bouche à ses personnages peut traduire des problèmes sexuels ou relationnels (complexe d'Œdipe, mauvaise relation avec sa mère). L'absence de bouche est également caractéristique des enfants dont le foyer manque de chaleur communicative.

La bouche ouverte, qui « montre les dents », évoque l'agressivité. La langue, lorsqu'elle est représentée, signale des problèmes sexuels mal résolus. Des lèvres épaisses se rencontrent chez les sensuels. Les bouches fermées, aux lèvres pincées, sans sourire, traduisent un certain degré de tension.

La bouche « ronde » est fréquente dans les dessins des tout-petits ; chez les enfants plus âgés, elle peut être signe d'un retard intellectuel.

Le menton

Le menton accuse la virilité du personnage ; il n'apparaît que tard dans les dessins.

Il est à remarquer que plus l'auteur du dessin est agressif, plus les détails sont accusés ; les enfants très agressifs représentent parfois leurs personnages de profil.

Le cou

Forme de passage entre la tête et le corps, il n'apparaît que tardivement dans les dessins d'enfants (8 ou 9 ans).

Les mains

Elles peuvent revêtir plusieurs aspects : balayettes, râteaux, ronds, mais les mains à cinq doigts existent aussi ; leur évolution est liée à l'âge de l'enfant.

Bien marquées, elles traduisent sa sociabilité. Elles peuvent aussi être absentes (dans les poches ou réellement mutilées), s'il existe des problèmes sexuels (masturbation) ou sociaux (délinquance).

Les bras

Écartés moyennement du corps, ils évoquent la sociabilité. Collés au corps, sans énergie, ils évoquent plutôt un sentiment de défaite.

L'omission des bras est souvent liée à la masturbation.

Les jambes

Supports du personnage, elles peuvent être repliées dans les dessins des sujets déprimés et frêles ; elles traduisent parfois une déficience physique ou psychique.

Les seins

Ils traduisent des préoccupations sexuelles et mettent aussi l'accent sur les relations mère-enfant.

Quant aux fesses, elles sont accentuées chez les petits garçons ayant des tendances homosexuelles.

Les vêtements

Nu comme un ver

Que l'enfant de moins de 7 ans dessine des personnages nus, cela est tout à fait normal ; mais, à partir de 10 ans, le personnage habillé, l'être social, doit faire son apparition. Si l'enfant persévère dans la représentation de personnages nus, cela reflète un comportement asocial, voire une attitude pathologique.

La nudité revêt un sens ambigu : elle peut être naïveté, candeur, pureté, mais aussi humiliation (souvenons-nous du sens qui lui était donné dans les camps de concentration...).

L'enfant qui dessine ses personnages nus peut user de cette arme pour les dévaloriser. S'il se dessine nu, il révèle ainsi son sentiment d'infériorité.

L'habit fait le moine

Lorsqu'un enfant dessine un personnage, il peut le vêtir à son goût ; grâce au style des vêtements, on peut déjà situer socialement le personnage. Si son costume est en haillons, il y a de grandes chances pour qu'il soit dévalorisé.

Ainsi, une fillette de 11 ans, qui avait des problèmes familiaux et « méprisait » son père, représenta ce dernier avec une salopette toute rapiécée et un pull troué !

Les vêtements chauds apportent des nuances particulières. Pour Flugel, ils représentent la nécessité de se protéger d'un certain type de froid : celui des sentiments ! Ils symbolisent aussi la mère en tant que « matrice protectrice ». Ces vêtements peuvent en effet rappeler la chaleur affectueuse de la mère. L'enfant qui se dessine avec un grand nombre de vêtements chauds serait un enfant déprimé, qui ne se sentirait pas aimé (Flugel). L'enfant qui se dessine couvert se sent bien protégé ; en fait, cette chaleur est bien souvent, elle aussi, une forme de compensation.

Je me souviens du dessin d'un adolescent qui avait représenté une famille. Le père était vêtu chaudement : écharpe, gros pull-over... À côté figurait la mère en robe d'été. Quant au fils, il était représenté par un garçonnet de 6 ans qui, lui aussi, avait un gros pull, un pantalon chaud et des moufles... En somme, la tenue complète pour affronter le froid. On peut penser que le père et le fils manquaient tous d'eux d'affection, auprès d'une mère aux sentiments bien tièdes. Celle-ci, en revanche, était certainement très aimée ; elle semblait heureuse de vivre et le peu de vêtements qu'elle portait lui tenait chaud.

« Chez les femmes, les vêtements peuvent servir de compensation à l'envie du pénis, répondre au besoin de changer l'image du corps, pour plaire ou être acceptées par les autres, traduire leurs tendances exhibitionnistes. » (Ada Abraham.)

Le vêtement est lourd de sens, mais d'autres objets renferment des symboles phalliques : la cravate, la pipe, le chapeau pointu, la cigarette, le parapluie, la canne, etc. Pour Flugel, le sujet qui représente une pipe ou une cigarette exprime son réconfort, car cette représentation le protège de la crainte de perdre l'organe phallique.

Les poches et les boutons

Les poches et les boutons valorisent les personnages et leur confèrent une certaine importance.

En trop grand nombre, boutons et poches signalent un sentiment de dépendance.

Il est à noter que le premier « bonhomme » est vêtu, généralement, d'un seul bouton.

L'enfant habille ses personnages comme il le désire et les déprécie ou valorise selon ses sentiments profonds, voire inconscients.

Les différents bonshommes « habillés »

Vers 5 ou 6 ans, l'enfant est capable d'habiller son bonhomme, qui peut alors revêtir des formes diverses, caractéristiques des préoccupations de leur auteur. Parmi les « bonshommes » les plus fréquents, citons :

Le marin

Ce sont surtout les enfants qui se sentent mal dans leur peau qui dessinent ce personnage. Il correspond à un besoin de fuite devant les réalités. Il traduit le désir de voyage et témoigne essentiellement d'une certaine forme d'inadaptation, liée quelquefois à la délinquance.

Le cow-boy

Le cow-boy est avant tout un personnage agressif. Il exprime la révolte de l'enfant, son désir d'être grand, fort, et d'en imposer. Plus il est armé, plus il traduit de l'anxiété et de l'insécurité.

Le gendarme

C'est le personnage agressif par excellence (les idées reçues sont coriaces) ! J'ai même vu un enfant qui prêtait les paroles suivantes à un gendarme s'adressant à un automobiliste récalcitrant : « Je vais te mettre un coup de pied ! » Comme pour en souligner l'aspect antipathique, ce genre de personnage est souvent représenté de profil, avec des traits accusés et durs. Il pourrait traduire un sentiment asocial.

Le clown

Le clown est un des thèmes favoris de l'enfant. C'est, le plus fréquemment, lui-même qu'il représente dans ce dessin. Suivant l'accent qu'il met sur tel ou tel aspect, on peut en déduire ses problèmes (oreilles trop grandes, yeux qui louchent, jambes mal formées). Souvent, l'enfant qui se sent inadapté au système scolaire dessine un clown qui peut aussi traduire des tendances dépressives.

Le vieillard

On le rencontre fréquemment dans les dessins d'enfants agressifs et asociaux. C'est presque un moyen détourné d'avouer que l'on veut se débarrasser d'un personnage indésirable qui, vu son grand âge, n'en a plus pour longtemps...

Ce sont surtout les filles qui représentent ainsi leurs sentiments agressifs contre leur père.

Tous ces « bonshommes » ont une valeur certaine de référence, mais d'autres dessins, comme toujours, sont nécessaires pour infirmer ou confirmer les hypothèses.

Personnages mutilés

La mutilation d'un personnage est une arme efficace pour dévaloriser un rival, un être dont la présence est considérée comme indésirable, etc.

Ainsi, l'enfant qui éprouve un sentiment d'agressivité, d'indifférence, voire de culpabilité à l'égard d'une personne, va clarifier le problème, en apparence, en ne représentant pas les zones conflictuelles.

C'est sans doute pourquoi les pères qui ont pour habitude de châtier leur progéniture d'un coup de pied « bien placé » sont souvent représentés sans pieds, en équilibre instable sur une jambe plus courte que l'autre !

Ajoutons que les omissions sont monnaie courante en cas de conflits familiaux.

7

L'ENFANT ET SA FAMILLE

La mauvaise mère

Il est prouvé que l'enfant est solidaire de son milieu familial : un enfant épanoui est le plus souvent un enfant dont on s'occupe bien à la maison et qui se sent aimé de ses parents, ou de ses substituts efficaces. Or, bien souvent, les parents ne comprennent pas que, si l'enfant n'a pas le rendement scolaire souhaité par eux, ou l'attitude qu'ils aimeraient lui voir adopter, cela provient de relations complexes qui se sont mal nouées entre les enfants et les parents d'une part, et entre les parents et les frères et sœurs d'autre part.

Fréquemment, les parents proclament : « Je ne fais aucune différence entre mes enfants... » Et ils sont sincères. En vérité, leur comportement accuse toujours des différences ; les enfants le sentent bien, car cela relève du domaine de l'affectivité, avec tout ce que cela comporte de sensibilité, d'intuition, de finesse.

Deux enfants peuvent être aussi gâtés l'un que l'autre, il existe toujours une petite nuance dans la manière dont ils vivent ces « gâteries ».

Le problème est que bien des parents confondent affection avec compensation affective. Parfois, la « mauvaise mère », qui n'aime pas son enfant autant qu'elle le devrait, se sentira coupable ; sa mauvaise conscience la fera agir par compensation, c'est-à-dire qu'elle camouflera cette carence d'affection maternelle par des actes : l'enfant, faute d'être choyé, sera gâté ; on ne lui refusera rien, les jouets s'accumuleront au détriment de l'affection, ce don unique et irremplaçable des parents. L'enfant, lui, ressent très tôt ces attitudes diverses. Il n'est pas interdit de se demander jusqu'à quel point la jalousie fraternelle n'est pas toujours fondée, en dépit de l'affirmation des parents.

Quand l'enfant dessine « sa famille »...

Le test de la famille

Le test de la famille, le plus répandu, comprend deux parties : on fournit à l'enfant une première feuille 21 × 29,7 cm, et on lui demande de dessiner « une famille », sans autres explications (Porot) ; puis, on lui demande de dessiner « sa famille » sur une seconde feuille (Corman).

La première famille est la famille idéale, telle que l'enfant se l'imagine chez les autres. Les prés du voisin ne sont-ils pas plus verts que les nôtres ? Dans ce dessin, il semblerait que l'enfant projette ses désirs, tandis que le dessin de « sa famille » représente plutôt la famille vécue, où l'on voit apparaître les relations et les rapports entre tous les membres. L'enfant y projette surtout ses sentiments.

Il arrive que des enfants ne veuillent pas se plier à la seconde consigne (« Dessine ta famille ») et prétextent que le premier dessin (« Dessine une famille ») correspond à l'image de leur famille. On peut se demander si ce manque d'imagination est dû à ce que ces enfants considèrent leur famille comme représentative de la famille idéale ; mais l'expérience a bien souvent montré que les enfants inhibés, ou obnubilés par une image familiale qui les étouffe, reproduisent fidèlement leur vraie famille ; d'autre part, les conflits déclenchés par l'Œdipe peuvent entraîner une inhibition importante ; c'est elle qui empêche l'enfant, dans certains cas, d'inventer une famille.

Dans le dessin de sa propre famille, représentation scrupuleuse du réel, il n'y a jamais d'identification au parent du même sexe, celui-ci étant frappé d'interdit par le complexe d'Œdipe, la plupart du temps mal résolu. La résolution « normale » de la situation œdipienne se fait par l'imitation du parent rival.

Le test de la Kinetic Family Drawing (KFD)

Ce test américain a été mis au point en 1970 par Burns et Kaufman. Il consiste à demander à l'enfant de dessiner chaque personnage de sa famille en train de faire quelque chose. Cette méthode permet à l'enfant d'évoquer ses relations interpersonnelles avec son entourage. Voici la consigne : « Fais un dessin de chaque membre de ta famille, toi y compris, en train de faire quelque chose. » Fait rare, l'examinateur quitte alors le lieu de passation et revient périodiquement vérifier que tout se passe bien. Si l'enfant dit qu'il n'y arrive pas, l'examinateur l'encourage.

Dans de nombreux cas, on découvre le père lisant le journal, la mère à la cuisine, les enfants devant la télévision. En résumé, une famille « sans problème », une image d'Épinal...

Ce test est utilisé aux États-Unis, entre autres, dans les cas de suspicion de maltraitance. Il permet d'aider à déterminer si l'enfant doit être retiré de chez lui et placé en institution. Il peut aussi indiquer aux parents combien leurs fréquentes disputes heurtent la sensibilité des enfants. On est parfois surpris d'observer, comme dans les dessins de Reiser, des parents qui se lancent la vaisselle à la figure, et les enfants qui esquivent les objets. Quand on demande aux parents pourquoi ils restent ensemble, ils répondent : « On reste pour les enfants... »

L'activité de chacun des membres de la famille renseigne bien sur leurs relations intrafamiliales.

L'attitude de l'enfant face à « la famille »

Il est essentiel d'observer et d'écouter l'enfant avant qu'il ne dessine ces deux familles. Ce test peut en effet lui poser des difficultés, voire parfois le rebuter, la notion de famille n'étant pas toujours évidente pour lui. Les questions fusent en grand nombre, mais l'examinateur doit se contenter d'encourager l'enfant et d'éviter de répondre à ses questions, au risque de brouiller les pistes. On imagine mal un « test de la famille » où l'examinateur interviendrait en disant : « Dessine le papa, la maman », etc. Les omissions sont des indices trop intéressants pour se trouver annihilés de la sorte...

Les questions les plus fréquentes sont : « Dois-je dessiner mon grand-père, ma tante, la fille au pair, etc. ? » L'enfant a parfois des difficultés à représenter certaines personnes, il peut même choisir de ne pas les représenter. Il laisse donc libre cours à son agressivité envers tel ou tel membre de sa famille en ne le faisant pas figurer dans le « dessin de la famille ». Cette expression de l'agressivité est tout à fait normale : on lui donne la possibilité de s'extérioriser, de s'épanouir, on la favorise en quelque sorte.

Ces sentiments n'ont pas toujours une valeur purement négative, ils peuvent être le signe d'une gêne ou d'une grande pudeur.

Il arrive également que l'enfant bâcle son dessin, ou, au contraire, qu'il y mette une grande minutie et l'exécute avec amour !

Le dessin terminé, tout commence

Une fois le dessin de « la famille » achevé, on demande à l'enfant de décrire les personnages et de les commenter. Il est aussi invité à dire s'il figure parmi eux.

L'examinateur pose quelques questions à l'enfant : « Quel est le plus gentil de cette famille ? Et le plus méchant ? Pourquoi ? » Il est également fort révélateur de lui demander où se déroule l'action. En général, les citadins situent les personnages de la famille à la campagne, ce qui est hautement significatif : la famille idéale est au vert, elle respire...

L'enfant demande parfois l'autorisation de dessiner une famille d'animaux ou d'extraterrestres. Les familles d'extraterrestres sont le thème de nombreux dessins ; ils ne sont en fait que la copie de la famille réelle. Certains enfants s'interdisent la représentation d'une famille en chair et en os, tabou qu'ils masquent par des dérivatifs.

On peut considérer que l'enfant ou l'adolescent qui représente une famille d'extraterrestres voudrait nous laisser entendre qu'il prend de la distance par rapport au test – peut-être une forme d'humour mêlé à une certaine pudeur.

Les familles d'animaux

La famille d'animaux représente les « mauvais instincts » de leur auteur. S'il s'agit d'animaux féroces, ce sont les sentiments agressifs de l'enfant qui s'étalent au grand jour. Si les animaux sont domestiques et familiers, ils peuvent symboliser le climat affectif qui règne dans cette famille, en particulier si ce sont des chats – dont on notera toutefois l'ambivalence (indépendance et agressivité).

Dans le dessin de Sylvie, 11 ans, l'inhibition était si forte qu'elle a préféré représenter une famille d'ours plutôt que

ses semblables ! Les ours sont fortement humanisés. C'est « une famille » qui a l'aspect d'humains « mal léchés »... Les personnages ont l'air ridicule avec leurs masques d'hommes et de femmes. C'est toute l'agressivité contre la famille en général qui éclate ici. Sylvie est à l'âge où personne ne trouve grâce à ses yeux : elle critique tout le monde, y compris elle-même...

Parfois, l'enfant s'exprime mieux lorsqu'il se projette dans l'image d'un animal. Il arrive fréquemment que, dans une famille, les deux parents soient représentés chez eux, par exemple devant la télévision, et qu'un chien ou un chat soient figurés à leurs côtés. On peut reconnaître, sous les traits de ces animaux familiers et affectionnés, l'enfant lui-même.

Valorisation et dévalorisation des personnages dans « la famille »

Nous avons déjà parlé des personnages nus : ils reflètent généralement la pauvreté intellectuelle du sujet ; toutefois, plus particulièrement dans le dessin de « la famille », ils peuvent être l'indice d'un conflit.

La manière dont les personnages sont habillés est représentative des sentiments que l'enfant témoigne à leur égard : l'allure, la texture et le style du personnage dépendent directement de l'affectivité. Nous savons qu'un enfant qui se sent déprimé ou mal aimé aura tendance à se vêtir chaudement dans « sa famille ».

D'ailleurs, selon les vêtements que les gens portent, ne peut-on se faire une opinion sur leur situation sociale et même, parfois, sur leurs opinions politiques ? Gardons-nous cependant de juger trop hâtivement les gens sur la mine ! Le bon sens populaire ne dit-il pas : « L'habit ne fait pas le moine » ? Eh bien ! le dessin permet justement de définir le moine par l'habit !

Lorsque l'enfant représente un personnage, il lui faut créer des costumes. Selon les sentiments qu'il nourrit pour telle ou telle personne, il l'habille dans un certain style.

L'enfant, par exemple, valorise « son père » en ajoutant quelques boutons à son veston ; en revanche, si ces boutons deviennent trop nombreux, ils peuvent dénoter un complexe de soumission du dessinateur (Flugel).

Le père

En général, dans les situations œdipiennes normales, le père est valorisé ; il arrive que le fils s'identifie au père et lui accorde une place importante au milieu de la feuille. La petite fille, par attrait amoureux pour son père, agrémente l'image paternelle de détails ou d'attributs virilisants : barbe, boutons, moustache, épée.

Un garçon qui était en pleine période de conflit œdipien dessina son père avec un pantalon tout rapiécé, ce qui dénotait chez lui agressivité et jalousie.

Cette agressivité peut se traduire aussi par une mutilation, à moins que le personnage ne se trouve rapetissé, relégué au second plan, et cela toujours selon les dispositions affectives, conscientes et inconscientes de l'enfant envers son père. Ailleurs, il est dévalorisé par des modifications de sa personne. Cette dévalorisation peut encore se traduire par d'autres signes : le père peut être séparé du fils par un meuble, un mur, ou simplement être tenu à distance, voire être oublié ou relégué dans un coin, notamment chez une fillette qui ressent pour son père un amour jugé coupable.

Notons encore que, chez les garçons en proie à des problèmes homosexuels, l'image du père est parfois dévalorisée, et que l'enfant s'y prend à plusieurs fois pour la dessiner.

Cependant, le père peut être valorisé, et c'est le cas le plus fréquent, notamment dans les situations œdipiennes bien résolues.

La mère

La mère peut, elle aussi, être valorisée ou dévalorisée. Il est important de remarquer la place qu'elle tient. Son image se situe souvent au centre de la feuille ; elle est parfois protégée par l'image paternelle. Il arrive que la mère soit séparée du père par un enfant ; dans ce cas, ce sont les conflits du couple qui sont au centre des préoccupations de l'enfant.

La mère peut être active, c'est-à-dire vaquer à des occupations dont on peut généralement déduire la nature et la qualité des rapports entre la mère et son entourage.

Un adolescent de quinze ans, protégé à l'excès par sa mère, représente « une famille » où la mère est fermière et donne du grain à ses poussins ! Dans ce cas précis, c'est bien une mère-poule...

En cas de conflit œdipien, il arrive que la mère soit représentée en dehors de la « famille ». Cependant, l'absence des parents est très rare. Seuls, certains enfants qui ont « honte » de leurs parents, ou qui ont avec eux des relations très conflictuelles, ne les dessinent pas.

Les frères et sœurs

Les enfants, même très équilibrés, ressentent parfois le besoin de se représenter seuls avec leurs parents ; il arrive très souvent que le frère ou la sœur ne figurent pas sur la feuille de « ma famille ». L'enfant trouve toujours de bonnes raisons pour ne pas les faire figurer. Par exemple, il prétexte qu'il n'a pas eu assez de place ou de temps, ou bien que son frère ou sa sœur sont rarement à la maison, etc. Toutes les excuses sont valables à l'enfant pour décharger son agressivité.

Une fillette de 6 ans et demi dessine « sa famille ». Elle se place entre le père et la mère. Les trois personnages recouvrent la feuille. Puis, la petite fille dit : « J'ai oublié ma sœur. » Elle retourne la feuille et fait figurer l'image de sa sœur au verso. On peut en déduire que cette petite fille est en pleine période œdipienne et voudrait bien monopoliser l'affection de son père ; en effet, elle rivalise d'élégance avec sa mère, qu'elle a représentée aussi grande qu'elle. Or sa sœur est une autre rivale ; c'est pourquoi la décharge d'agressivité contre celle-ci se traduit par cette omission rattrapée de justesse !

Parfois, l'enfant ressent une grande jalousie envers son frère ou sa sœur et trouve le moyen de mutiler leurs images. Les frères et sœurs sont souvent inachevés, manchots, aveugles, complètement hachurés... en bref, complètement tarés !

Les moyens de dévalorisation du rival revêtent même parfois des formes étranges et astucieuses.

Dans le dessin de « sa famille », une fillette de 8 ans a eu l'idée ingénieuse de représenter un pan de mur où est accrochée la photo de son petit frère... Celui-ci est ainsi réduit à la taille d'une photo et relégué à l'arrière-plan, évincé de la famille pour que la fillette jouisse du privilège d'être représentée seule avec ses parents.

Le frère ou la sœur « inventés »

Je me souviens du dessin de « la famille » d'un garçon de 12 ans, qui s'était représenté à l'âge de 6 ans. Plus loin figurait une sœur imaginaire. Alors que « le fils » de 6 ans s'amusait avec une automobile miniature, « la fille » lavait le sol.

Le commentaire de ce garçon est ici d'un grand secours : « J'ai 6 ans, c'est l'âge heureux, on n'a pas de problèmes. » Il est vrai que Philippe a de nombreux « problèmes » : il vole dans les grands magasins des vêtements, du matériel de bureau, etc., ce qui lui a déjà valu une arrestation et une amende payée par les parents.

« Les filles, dit-il encore, c'est fait pour travailler. » Il évoque naturellement cette sœur imaginaire, inventée, qui représente en fait les bonnes tendances que Philippe déplore de ne pas avoir. La sœur travaille ; en cela, elle est adaptée. Elle est même utile, alors que lui doit se sentir l'élément parasitaire de cette famille. En réalité, il s'identifie plus à la fille qu'au petit garçon : cette sœur inventée, c'est son moi idéal ; il voudrait être aussi bien adapté qu'elle et mériter ainsi l'affection de ses parents, de son père en

particulier, qui méprise un peu ce garçon fainéant et difficile. Philippe s'est donc identifié à cette sœur imaginaire. On peut parler d'Œdipe inversé.

Dans ce cas, dit Corman, l'Œdipe inversé « se traduit chez le garçon par une identification féminine qui le fait se comporter, dans ses relations avec ses parents, suivant le modèle de ce sexe ».

L'identification du sujet

L'identification du sujet peut être « normale » : l'âge et l'aspect correspondent alors à la réalité. L'enfant, dans ce cas, s'accepte tel qu'il est ; son rang, parmi ses frères et sœurs, est bien vécu. Ailleurs, cette identification peut être le signe d'une régression, d'un retour en arrière qui n'est, en fait, qu'un mécanisme de défense.

En effet, l'enfant peut se représenter beaucoup plus jeune qu'il n'est et même, parfois, s'identifier à un bébé. Il s'agit, le plus souvent, d'enfants qui ont mal accepté la naissance d'un frère ou d'une sœur et qui se représentent, dans leur dessin, « à l'âge d'or », c'est-à-dire avant la naissance du rival !

Ces identifications ne sont pas toujours évidentes, car ces enfants peuvent être inhibés par l'image de la réalité, ce qui les amène à se représenter sous leur véritable aspect dans le dessin ; mais l'être auquel ils s'identifient est alors valorisé, d'une part, par sa situation dans la feuille, d'autre part, par la place qu'il occupe dans la famille (tous les personnages sont tournés vers lui). L'enfant peut aussi s'identifier à un animal qui va symboliser plus aisément ses tendances interdites.

Un garçon de 10 ans a représenté « sa famille » au bord de l'eau : le père pêche à la ligne, et la mère s'exclame : « Oh ! le beau poisson ! » Une minuscule « sardine » se balance au bout de la ligne.

Ce garçon se sent persécuté par son père, alors que sa mère le protège de façon excessive. Ce dessin traduit l'impression d'assujettissement moral que ce garçon ressent. Il est malheureux comme un poisson hors de l'eau ! L'identification inconsciente à une « sardine » est la traduction du malaise ressenti par ce garçon.

Enfin, il y a valorisation si le sujet se dessine le premier, ou au centre, traduisant ainsi ses tendances narcissiques.

Dessin de l'appartement

Il peut être rapproché du dessin de la famille. Il est utilisé par les psychologues car il permet de révéler la logique, le sens spatial et l'équilibre affectif de l'enfant.

Ce test présente certaines difficultés : la traduction d'une perception spatiale en projection plane, par exemple. Ce n'est qu'à partir du stade du « réalisme intellectuel » que l'enfant est capable de dessiner un plan (vers 5 ou 7 ans). Il doit avoir pris conscience de ce que ce schéma ne peut pas être représenté en trois dimensions (comme ce qu'il vit), mais en deux dimensions.

Très souvent, l'enfant va dessiner des projections bidimensionnelles ; par exemple, on verra les pieds d'une table vue du dessus. Les portes ne seront pas figurées par un trait, mais par un rectangle (phénomène de « rabattement », voir page 27).

Cependant, ce test peut être utilisé dans le but de recherche conflictuelle, un peu comme le « dessin de la famille ». Dans ce cas, on ne s'attachera plus à l'acquisition de la représentation plane, mais aux relations qui peuvent naître dans cet appartement, lieu de conflits familiaux.

Le test consiste à faire dessiner d'abord « un appartement », puis « son appartement ».

Comme dans « une famille », le premier appartement est souvent l'appartement de rêve ; l'enfant dessine en principe peu de pièces ; chaque membre de la famille a sa chambre. Il n'y a rien là de très révélateur.

Mais lorsqu'il s'agit de « son appartement », on arrive à déceler les relations nouées entre les parents et les enfants, ainsi qu'entre les frères et les sœurs. Nombreux sont les cas où l'enfant omet de dessiner, dans « son appartement », le lit de son frère. Ainsi, il se retrouve seul, ayant fait place nette, par élimination pure et simple du rival.

Parfois apparaissent des situations révélatrices des relations parents-enfants.

J'ai eu l'occasion de faire dessiner un garçon d'une dizaine d'années qui, au moment de représenter l'endroit où il dormait, me dit d'un air gêné : « Je dors dans le lit de maman, car elle a froid la nuit ! »

Ce jeune garçon avait été mis dans une situation telle qu'il éprouvait le besoin de se justifier. Je le sentais réticent ; il se doutait que cette situation n'était pas normale à son âge. Son retard scolaire, sa timidité excessive étaient, en grande partie, liés à ce sentiment de culpabilité.

Révélateur, lui aussi, est le plan de l'appartement d'un petit garçon de 8 ans, qui en a représenté les nombreuses pièces et, chose rare, le palier. Commentaire : « Le père va vider les ordures... » En réalité, c'est lui qui est « vidé » des lieux !

Il arrive qu'une inhibition importante paralyse l'enfant et lui interdise de dessiner son appartement ; il redoute de dévoiler des secrets. Toutefois, les résistances vaincues, on n'est pas surpris de trouver un appartement vide qui camoufle, en fait, une grande activité.

8

DESSIN ET INTELLIGENCE

Le psychologue clinicien dispose de deux types de tests psychologiques : les tests *d'efficience intellectuelle* et les tests *de personnalité.*

Quelques tests d'efficience intellectuelle

Afin d'éviter que l'on ne juge trop hâtivement l'intelligence d'un sujet sur sa mine ou sur ce que l'on en dit, les tests d'efficience intellectuelle donnent au psychologue des résultats chiffrés et étalonnés qui permettent de situer de la manière la plus « scientifique » possible un sujet parmi une population de référence. On obtient un niveau d'intelligence dont la moyenne est 100, c'est-à-dire comprise entre 90 et 110.

Les tests de niveau

Ils sont étalonnés pour des populations de 4 ans à 75 ans et plus... Ils peuvent être composites, tels le W.I.S.C.R (Wechsler Intelligence Scale for Children [R = Révisé], auprès d'enfants de 6 ans et demi à 16 ans et demi) et la W.P.P.S.I (Wechsler Preschool and Primary Scale of Intelligence, auprès d'enfants de 4 à 6 ans). D'autres tests non verbaux sont utilisés, tel le P.M. 38, épreuve conçue à partir de dessins géométriques, mise au point par J. C. Raven. Les tests de dessins peuvent aussi être exploités en tant que tests de développement intellectuel, comme nous allons le voir.

Les tests de personnalité

Classiques, ce sont des techniques projectives qui se distinguent des tests d'aptitude essentiellement par l'ambiguïté du matériel présenté. Les plus connus sont destinés aux enfants de 3 à 7 ans : ce sont le C.A.T. (Children Aperception Test), mis au point par Leopold Bellak, le Rorschach, le Patte Noire, mis au point par Corman et, plus récemment, le Davido-CHaD.

Quelques tests de dessin

Le test du bonhomme

Ce test, mis au point par Florence Goodenough, est intéressant pour l'étude du développement du niveau intellectuel. À chaque âge correspond un type de bonhomme. Ce test est d'autant plus utilisé qu'il est applicable à des enfants de 3 à 13 ans et demi d'âge mental, ce qui signifie que l'on peut éventuellement l'appliquer à un adulte dont l'âge mental ne dépasserait pas 13 ans...

Ce test consiste à faire dessiner un bonhomme à l'enfant, à qui l'on a simplement dit : « Dessine un bonhomme, le mieux que tu peux. » Florence Goodenough a divisé le bonhomme en cinquante-deux éléments. Le dessin est ensuite coté.

La note est ensuite transposée en âge mental, à l'aide d'une table ; cet âge mental peut lui-même être traduit en quotient intellectuel (Q.I.) ; pour l'obtenir, il convient de diviser l'âge mental par l'âge réel et de multiplier le tout par 100.

Florence Goodenough a isolé des éléments très précis du bonhomme en les affinant progressivement, chaque élément étant coté 1 point. Ainsi :

La tête est présente .... 1 point
Le cou est présent .... 1 point
Le nez est présent .... 1 point
Le nez et la bouche sont représentés par deux
traits, les deux lèvres sont indiquées .... 1 point
Il y a des vêtements .... 1 point

Le barème établi par Florence Goodenough est le suivant :

3 ans	2 points
4 ans	6 points
5 ans	10 points
6 ans	14 points
7 ans	18 points

Le « test du bonhomme » présente, malgré tout, un inconvénient : il fait intervenir des facteurs affectifs qui peuvent fausser les résultats. Pour Zazzo, un beau bonhomme doit être pris en compte tandis qu'un vilain bonhomme ne signifie rien... Par exemple, un enfant hémiplégique peut omettre de dessiner une partie de son corps.

Un autre test d'intelligence fait intervenir l'être humain : il s'agit de la dame de Fay. On propose à l'enfant le thème suivant : « Une dame se promène et il pleut. » Le test est fréquemment utilisé en maternelle et est valable jusqu'à 12 ans. Il existe une cotation qui tient compte d'éléments divers : pluie, protection contre la pluie, dynamisme des personnages, etc.

La fiche de Prudhommeau

Cette fiche est également utilisée comme test de niveau mental : l'enfant doit reproduire divers dessins dans une case en face d'un modèle.

Le personnage sous la pluie

Aux États-Unis, E. F. Hammer a mis au point une batterie de tests qui comprend une technique très intéressante, attribuée à Arnold Abrams ou Abraham Amchin : il s'agit du Draw-A-Person-In-The-Rain, qui consiste à demander au sujet de dessiner, dans un premier temps, un personnage, puis le même personnage sous la pluie. La pluie rend l'environnement stressant : le sujet, enfant ou adulte, abandonne alors ses mécanismes de défense et se présente tel qu'il se sent, vulnérable.

E. F. Hammer cite le cas d'un homme obèse en cours de thérapie auquel il demande de dessiner une personne ; le sujet se représente, au milieu de la feuille vide. Quand le thérapeute lui demande de dessiner le même personnage sous la pluie, le sujet ajoute sur la feuille une boutique où sont inscrits les mots « BONBONS ET SUCRERIES ». Sous l'effet du stress, cet homme a fait resurgir sa problématique orale, qui l'amène à ne pas contrôler ses pulsions.

Voici l'exemple d'une petite fille de 8 ans que j'ai fait dessiner.

Ophélia est abusée sexuellement. Quand on lui demande de représenter un personnage, elle dessine un visage de grande taille et se figure sans corps. C'est pour elle une manière d'esquiver ce qui fait problème. Le second dessin « sous la pluie », nettement plus petit que le premier, la dépeint les yeux ronds, le regard bizarre – le même regard que lorsqu'elle figure, lors d'une expertise, les scènes de fellations auxquelles son père la soumet.

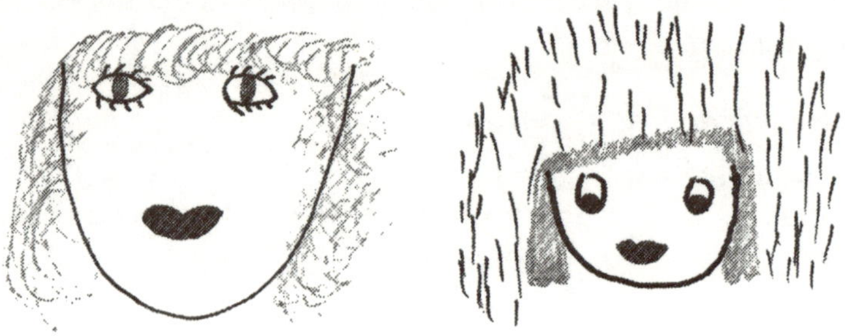

Dessin géométrique et intelligence

Les tests peuvent servir à mesurer l'intelligence, l'affectivité, la psychomotricité, le développement du schéma corporel. Pour se limiter à l'intelligence, on peut dire ceci : à 5 ans, un enfant doit être capable de copier un carré ; à 7 ans, un losange.

Pour les jeunes enfants, on utilise surtout le test de Bender, qui consiste à reproduire des figures géométriques, cette reproduction n'étant possible que si la structure a été comprise. Les figures sont de plus en plus complexes et un étalonnage permet d'explorer le niveau mental de l'enfant.

Chez l'enfant, à partir de 8 ans, on utilise la « figure complexe » de Rey.

Plus l'enfant grandit, mieux il sait reproduire les figures géométriques.

Quelques arguments contre le dessin-test d'intelligence...

Juger de l'intelligence d'un enfant sur un simple dessin, ce n'est pas sérieux, objectera-t-on. C'est vrai... dans une certaine mesure. L'hypothèse d'une débilité ne peut, ou plutôt ne doit pas uniquement dépendre d'un « bonhomme », de la pluie ou du beau temps ! On ne peut étudier ou interpréter un dessin que si l'on connaît le contexte socioculturel et affectif de l'enfant (mais attention : connaître ce contexte ne signifie pas tout connaître ! Les surprises sont nombreuses dans ce domaine).

Un « bonhomme » peut être dessiné maladroitement, peu importe, ce n'est pas la qualité esthétique du dessin qui est significative, mais la présence du plus grand nombre d'éléments. Or, il arrive que certains de ces éléments soient absents et qu'à un âge réel ne correspondent pas les éléments du « bonhomme ».

Les causes peuvent en être multiples : outre des troubles, toujours possibles, du schéma corporel, l'enfant peut être « fruste » – expression du docteur Aubin –, c'est-à-dire qu'il peut n'avoir jamais eu de sa vie l'occasion de tenir un crayon ; auquel cas le « bonhomme » est non seulement « maladroit », mais aussi « illisible ». L'enfant peut aussi présenter des troubles affectifs importants, qui transparaissent au travers de ses dessins.

Pour Zazzo, « le dessin est toujours très fragile ; les troubles moteurs, les troubles affectifs, la fatigue, la distraction, les fluctuations de l'humeur peuvent détériorer, altérer complètement un dessin, alors que, dans les mêmes conditions, les tests verbaux et d'écriture même résistent beaucoup mieux ».

En fait, Zazzo semble être un peu sévère ; en effet, si le dessin-test n'apparaît pas toujours comme le meilleur instrument pour déceler le niveau mental, c'est-à-dire l'intelligence, en raison de l'intervention de nombreux autres facteurs, en revanche, et pour cette raison même, il peut permettre à l'examinateur de les déceler, par exemple des troubles de l'affectivité. D'ailleurs, J. Royer propose une révision du « test du bonhomme », parce qu'il « s'agirait plus d'un test de personnalité que d'un test d'intelligence... ».

Dans les tests qui vont servir à déterminer le quotient intellectuel de l'enfant (c'est-à-dire son intelligence) entrent en jeu des facteurs non seulement scolaires, mais aussi le milieu socioculturel et toute la personnalité affective de l'enfant. Il est notoire que trop d'enfants sont encore conditionnés par le milieu où ils évoluent. Il est indéniable qu'un enfant qui rentre chez lui après l'école pour retrouver une mère dont l'unique conversation est « la paire de gifles », un père continuellement ivre, dans un environnement sordide, aura des difficultés à s'épanouir physiquement et intellectuellement, ces deux formes de développement étant fortement liées à cet âge.

C'est là, pensera-t-on, que l'école joue un rôle. En dépit des gros efforts entrepris subsistent cependant des manques ; ainsi, les technologies nouvelles (électronique, audiovisuel), les locaux et les enseignants spécialisés (professeurs d'arts plastiques, de musique) sont encore trop souvent en nombre insuffisant dans les écoles primaires.

Il apparaît donc, pratiquement, que c'est avec son bagage socioculturel et les acquisitions faites par osmose dans sa famille que l'enfant répond à ces tests, destinés à établir son quotient intellectuel, reflet de son intelligence.

Il y a des débiles partout !

En conséquence, on serait tenté de conclure qu'à milieu socioculturel élevé correspond un Q.I. (quotient intellectuel) élevé, et à milieu socioculturel déficient un Q.I. faible. Malheureusement ou heureusement, le problème est plus complexe !

Chacun connaît dans son entourage un enfant qui, issu d'un bon milieu socioculturel, est bête, voire « débile ». Inversement, on rencontre en milieu socioculturel déficient des enfants qui « réussissent » dans la vie.

Le problème se complique dans la mesure où, dans le premier cas, l'enfant, même s'il est handicapé intellectuellement, semble avoir plus de chances de réussir, grâce aux facilités offertes par l'argent et les relations. Mais cette objection est assez vaine ; la seule solution consiste à donner à tous les enfants des chances plus équitables. Et ce n'est pas en pratiquant le nivellement par la base que l'on y parviendra : on ne s'élève pas bien haut en abaissant les autres.

9

DESSIN, ÉCHEC ET RÉUSSITE SCOLAIRES

Le climat social délétère, la crainte du chômage, la compétitivité nationale, européenne et internationale, la « mondialisation » : autant de facteurs qui confèrent à l'école un statut de toute-puissance. Il n'y a pas d'alternative possible : l'idée reçue est bien tenace selon laquelle un enfant doit *d'abord* réussir sa scolarité pour pouvoir *plus tard* réussir sa propre vie. Les exemples ne manquent pas de grands esprits ayant connu des difficultés scolaires à l'école. Bien entendu, tous les enfants ne deviendront pas des génies ; tout le problème est de veiller à ne pas inhiber leurs potentialités de réussite. La vie scolaire ne se résume pas seulement à une évaluation en mathématiques ou en français : c'est l'enfant dans sa globalité qui doit être considéré.

Ce n'est pas parce que l'échec scolaire est devenu banal qu'il est simple. La réussite scolaire a une valeur symbolique, les résultats représentent un terrain de choix où l'enfant pourra exprimer son trouble. L'échec scolaire peut apparaître à n'importe quel moment, mais jamais sans raison.

L'échec scolaire est indicateur du mal-être de l'enfant, du déséquilibre de sa famille, de l'inadaptation *à* la structure scolaire, mais aussi *de* la structure scolaire elle-même.

Le plus souvent, c'est l'enfant paresseux qui est incriminé. Mais qu'est-ce que la paresse ? En quelques décennies, on est passé de la morale, où l'enfant était fautif d'un point de vue médical ou sociologique (autrement dit, souffrant d'un défaut d'équilibre neurophysiologique de base), à une inadaptation des structures scolaires actuelles, qui touche une proportion non négligeable de la population. L'affectivité de l'enfant est la source de toute manifestation scolaire. Les difficultés scolaires peuvent provoquer une anxiété, une opposition, un sentiment d'infériorité (ne pas être comme les autres), un doute de soi, un sentiment de jalousie, des craintes de reproches, une inaptitude au réel, la fuite dans le rêve et bien d'autres symptômes tout aussi sérieux.

La difficulté est de déterminer les facteurs qui bloquent un enfant, que ces facteurs soient liés à des difficultés intellectuelles et/ou affectives de l'enfant ou à des facteurs liés à l'enseignant.

L'inadaptation entre l'école et l'enfant

Une fois l'enfant « scolarisé », certains parents et enseignants perdent tout sens des réalités et foncent tête baissée dans le labyrinthe de la scolarité, en oubliant que l'enfant est un être « immature » par définition et que son développement dépasse parfois le temps de sa scolarité : la dynamique doit laisser place à l'économique.

Un enfant qui a des difficultés scolaires aujourd'hui peut très bien ne plus présenter les mêmes symptômes demain. Cela paraît un cas extrême, trop optimiste ; il est cependant courant.

Il faut distinguer la *possibilité* d'apprendre et le *désir* d'apprendre, d'origine individuelle.

La tête dans le cartable

Jérémie, 7 ans, est en CE1 (né en décembre, il est très jeune). Il passe son temps à « fouiller, la tête enfouie dans son cartable », « lit très mal », « cherche la bagarre » et « est jeune ». Aussi la maîtresse, alors que nous ne sommes qu'en février, envisage-t-elle de le faire redoubler. Jérémie a l'air de se moquer éperdument de redoubler ou de passer, comme si cela ne le concernait plus...

La maîtresse est très compétente et exigeante avec ses élèves, qui acquièrent un bon niveau dans la classe (a priori, elle est donc hors de cause). Les difficultés de comportement ajoutées aux difficultés scolaires dressent un portrait assez négatif de ce petit garçon joufflu et sympathique.

Les tests psychométriques montrent que l'enfant est d'intelligence supérieure à la moyenne et que les problèmes familiaux ne se sont pas accentués depuis le divorce de ses parents. Dans l'école existe une autre classe de CE1, tenue par un maître tout aussi compétent et exigeant, mais très décontracté. Lors de la réunion de synthèse avec la maîtresse, le R.A.S. (réseau d'aide spécialisée) propose que cet enfant termine son année dans la classe parallèle.

La maîtresse ne veut rien entendre et prétexte que le R.A.S. a tort... Après maintes tergiversations, la maîtresse accepte qu'après les vacances de Pâques l'enfant change de classe.

Le changement de comportement est immédiat. L'enfant, que le maître « oublie » volontairement, comme par enchantement ne fouille plus dans son cartable, ne cherche plus la bagarre et commence à s'investir dans le travail scolaire. Certes, Jérémie ne peut rattraper son retard entre Pâques et fin juin ; mais ses efforts gigantesques lui permettent de passer en CE2, où il devient l'année suivante l'un des meilleurs élèves.

J'ai rencontré ce maître. Il m'a avoué être inquiet pour Jérémie, qui a recommencé à « fouiller dans son cartable et ne travaille plus... ». Je suis allée chercher l'enfant et lui ai demandé ce qui se passait. Il m'a répondu : « J'ai travaillé, travaillé, et j'ai eu une mauvaise note... » Je suis retournée voir le maître, il a souri... et Jérémie a ressorti la tête de son cartable, dans l'attente de notes meilleures.

Les dents d'A.

A. est âgé de 8 ans. Il est en échec scolaire massif en CE1 après avoir redoublé le cours préparatoire, faute – semble-t-il – de savoir lire et écrire sous la dictée... C'est beaucoup de handicaps pour un seul enfant, que les maîtres successifs envisagent de placer dans une classe à petit effectif (classe de perfectionnement) réservée aux enfants déficients intellectuels.

La rumeur scolaire laisse entendre que l'enfant n'a pas pu apprendre à lire à cause d'une malformation maxillaire (non visible) ; on lui aurait extrait toutes ses dents quand il est rentré en élémentaire. L'enfant édenté aurait honte et n'oserait pas ouvrir la bouche tant que ses nouvelles dents définitives ne seront pas apparues.

Dans les dessins de l'enfant, tous les personnages ont des dents énormes, comme celles de requin ! Dessins qui semblent confirmer l'anamnèse (rapportée par les enseignants).

Après avoir fait passer un examen psychométrique à cet enfant inhibé, certes, mais d'intelligence normale, je lui demande quelle est l'origine de son prénom, rare. A. ne le sait pas. Je rassure l'enfant en lui disant que je vais faire venir ses parents pour qu'ils racontent devant lui sa propre histoire.

Un très jeune couple arrive, seul, sans A. La mère m'explique qu'elle s'est mariée à quinze ans ; son époux, russe, a quitté le domicile à la naissance de l'enfant. Elle n'a plus jamais entendu parler de lui. Elle a pu obtenir le divorce et s'est remariée. Elle a un autre petit enfant. Je lui demande si A. est au courant de cette histoire. Jusque-là calme et pondérée, elle entre alors dans une violente colère : cela ne regarde pas A. ! Et elle menace d'interrompre notre entrevue. Son mari tente de lui faire comprendre que, même si A. l'appelle bien « papa », il doit peut-être se demander pourquoi il est apparu si tard dans sa vie, c'est-à-dire quand il avait 5 ans.

Finalement, la mère accepte que l'on raconte devant A. que le beau-père n'était pas son père. A. entre dans le bureau, embrasse « ses parents » et vient s'asseoir à un petit bureau. Je lui propose de dessiner, il répond qu'il n'en a pas envie. Alors que je commence à dire à sa mère : « Madame, nous allons parler du père d'A. », le garçonnet se met à dessiner... Comme j'ajoute à son intention : « Si tu n'as pas envie de dessiner, ce n'est pas grave... », l'enfant me jette un petit clin d'œil malin, d'un air de dire : « Fais comme si je n'étais pas là ! » La mère raconte alors son histoire, qui est sans doute beaucoup plus simple que le petit garçon a dû se l'imaginer. A. repart souriant et détendu, en donnant la main à « son père » et à sa mère. Son travail scolaire est tout à fait honorable et il sourit de toutes ses jolies dents.

Les histoires, apparemment idylliques, sont pourtant bien réelles.

Le rôle du psychologue scolaire

Le rôle du psychologue scolaire peut aussi consister à aider les enfants à trouver le maître qui leur permettra d'exploiter le mieux leurs potentialités.

L'échec scolaire, s'il est le symptôme d'un problème, est parfois l'indicateur d'un environnement inadapté à l'enfant. Le maître se sent rarement fautif et ne se remet pas toujours en question ; celui qui « va mal », ce ne peut être que l'enfant.

La maîtresse de Jérémie, en CE1, avait certainement perçu qu'il était très intelligent, et son échec la révulsait. Elle exigeait trop de ce garçonnet qui voulait trouver son rythme propre et ne supportait pas ces sollicitations répétées, qui lui faisaient, telle une autruche, enfouir sa tête dans son cartable.

Un indicateur nommé échec

L'échec scolaire fait de l'enfant un handicapé. Même si le handicap n'est que passager, il marque toujours l'enfant, car il a une double résonance tant familiale que scolaire : il peut être l'indicateur d'un conflit intrafamilial latent qui se traduit par un fléchissement scolaire. Ces situations familiales, comme le théâtre, ont un répertoire très varié qui va de la tragédie à la comédie de boulevard, en passant par le drame.

Une des scènes les plus jouées, lors de difficultés scolaires passagères, est celle de la « jalousie » à l'égard du nouveau-né. Beaucoup de frères et sœurs naissent l'année où l'enfant entre en cours élémentaire, au moment précis où l'on attend de lui qu'il donne l'exemple et montre qu'il est devenu grand. Mais si l'enfant ne se sent pas « grand », il jouera au bébé, montrera des velléités de régression et n'aura aucun désir d'apprendre à lire ou à compter sans avoir la sensation de vraiment compter pour les siens. Même si ce n'est pas toujours la réalité, il faut prendre en compte la façon dont l'enfant ressent cette réalité. Ce sont le plus souvent des petites crises passagères, faciles à résoudre en présence des parents et de l'enfant.

Parfois, un élève qui ne posait pas de problèmes devient distrait, « dans la lune », et ne participe plus en classe. On apprend quelque temps plus tard que sa famille traverse une période difficile, une maladie grave, un deuil ou la perte d'un emploi, par exemple. Il peut aussi s'agir d'un signe de maltraitance. Les difficultés scolaires ne doivent pas être banalisées car elles évoquent une souffrance, un appel au secours.

L'étape principale consiste donc à voir l'enfant, non par curiosité malsaine, mais dans son intérêt.

Si les possibilités d'apprentissage sont en partie quantifiables, en revanche, le désir d'apprendre est fonction de la motivation de l'enfant : il peut être lié au plaisir d'apprendre, au désir de savoir, à une réaction de prestance, à des réactions d'amour-propre... La réussite, tout comme l'échec, peut se révéler un symptôme, qui a toujours une histoire.

Il arrive que des enfants maltraités, tels les enfants abusés, nient leur corps (voir page 154). Ces enfants accordent à leur tête une importance prépondérante ; si on leur demande de se dessiner, ils ne représentent que leur visage. Scolairement, il peut arriver qu'ils compensent avec leur tête les souffrances ressenties au travers de leur corps, un peu comme s'il s'agissait de purs esprits. Ce mécanisme de défense les conduit à « oublier » leur corps.

Mais la réussite peut être tout aussi artificielle si elle n'est soutenue que par des stimulations parentales de toutes natures, telles que la participation (trop assidue, voire revendicatrice) des parents à la vie scolaire, ou la valorisation de la connaissance livresque au détriment de la prise en charge psychoaffective de l'enfant.

L'expression psychosomatique des difficultés scolaires : un profond malaise

Les parents et les enseignants prêtent une oreille plus attentive aux désordres d'origine médicale qu'aux états d'âme d'un enfant qui ose exprimer qu'il n'aime pas telle discipline, tel maître, ou tout simplement qu'il n'a aucune envie d'aller à l'école. C'est alors le corps qui prend le relais : l'enfant souffre de céphalées, de maux de ventre, il vomit, etc. Il fait ainsi part de son anxiété. C'est pour lui le seul moyen de communiquer (inconsciemment) ce mal-être.

Tant que dure la maladie, on ne parle pas de l'école : c'est comme une trêve où l'enfant est dispensé d'efforts. Les parents se trouvent démunis. Quand ils vont consulter le médecin, ils sont rassurés : derrière cette « maladie », aucune réalité organique.

En fait, l'enfant, bien qu'apaisé (il sait qu'il n'est pas gravement malade), ne sera pas soulagé de ses maux avant d'avoir trouvé les véritables mots pour les exprimer.

Nous avons esquissé un rapide tableau des problèmes soulevés par les difficultés scolaires. Toutefois, une réussite trop brillante peut parfois traduire un malaise aussi préoccupant. Je pense à ce petit garçon de 8 ans dont le maître avait inscrit sur son livret : « Allergique à la place de second. » Il était l'aîné de quatre enfants (tous des garçons). Comme son cadet de douze mois, il avait un an d'avance. On peut se demander si, pour « exister » au sein de sa famille, il n'était pas contraint d'être toujours le premier.

Est-ce vraiment cela, la réussite, pour un enfant, à moins qu'il ne s'agisse – espérons-le – que d'un jeu.

10

DESSIN ET AFFECTIVITÉ

Affectivité et personnalité

C'est avec toute sa personnalité (intellectuelle et affective) que l'enfant dessine. Bien souvent, cette affectivité peut masquer son intelligence.

Nous ne donnerons qu'un exemple pour illustrer ce phénomène : le « bonhomme ».

La taille du « bonhomme »

Le « bonhomme », c'est celui qui le dessine ! Si un « bonhomme » paraît harmonieux dans l'ensemble, il y a de grandes chances pour que l'enfant examiné soit « normal », c'est-à-dire bien adapté.

En revanche, si le « bonhomme » est démesurément grand, cela peut indiquer que l'enfant accorde une trop grande importance à son moi, c'est-à-dire qu'il se surestime, se croit supérieur aux autres.

Cet orgueil démesuré peut devenir pathologique ; il se rencontre très souvent chez les paranoïaques, où l'on retrouve une surestimation du moi, susceptibilité exacerbée par un sentiment de persécution permanente, leur psychorigidité expliquant les jugements sans nuances, définitifs, reposant sur des critères tout à fait personnels.

Cette taille démesurément grande peut aussi refléter une compensation : l'enfant qui se dessine « énorme » camoufle ainsi son sentiment d'infériorité. On pourrait même se demander si les dictateurs, souvent mégalomanes, ne dessinaient pas des « bonhommes » démesurément grands... Il est à remarquer que les malades mentaux qui dessinaient de « gros géants », une fois traités et rééquilibrés, représentent un « bonhomme » lui aussi équilibré et de taille harmonieuse.

Sans pour cela être pathologiques, bien au contraire, d'autres traits personnels apparaissent dans les dessins d'enfants : souvent le grand timide, inhibé, dessinera un « bonhomme » microscopique, dans un coin de la feuille, le plus souvent, au bas de la page, comme s'il désirait « rentrer sous terre »... Autre exemple : un enfant inattentif, qui présente des difficultés à coordonner ses mouvements, représentera son « bonhomme » maladroitement, d'une main hésitante, et certains traits seront inachevés.

Un simple « bonhomme », inséré dans un contexte « valable », renseigne donc sur l'affectivité de l'enfant.

« Le sensible et le rationnel »

Dans un dessin ou un tableau, c'est sa « vision personnelle du monde » que nous livre l'artiste. On peut considérer que ce dernier, par son choix de thèmes et de teintes, révèle d'une manière authentique sa véritable personnalité.

Si les dessins d'enfants normaux suivent une évolution comparable sur le plan structural, en revanche, du point de vue graphologique – tracé du dessin et couleurs –, on doit noter l'apport personnel ou la « griffe » de chacun d'entre eux.

Françoise Minkowska a eu le mérite de préciser le problème en cherchant à dégager les caractéristiques constantes correspondant à un mode de comportement, à une manière d'être fondamentale de l'enfant. En quelque sorte, elle a défini ce qui s'apparenterait aujourd'hui à la définition du Q.E., ou quotient émotionnel, c'est-à-dire à tous les domaines qui permettent à l'enfant d'être un être social, communiquant, capable de se mouvoir en utilisant ses facultés corporelles.

En comparant des œuvres de Van Gogh et Seurat, deux artistes dont « la vision du monde » était totalement opposée, Françoise Minkowska a précisé deux grands types de constitution mentale, le type « sensoriel » et le type « rationnel », dont les caractéristiques d'expression graphique sont constantes.

Ainsi, le type « sensoriel » (Van Gogh) est dominé par le dynamisme, son attachement au concret, à l'entourage. Les dessins de ce type sont caractérisés par le mouvement et les couleurs. Ils sont vivants et présentent une abondance de détails (arbres, fleurs, ciel, soleil). Les limites des objets et des personnages restent imprécises.

À l'inverse, dans le type « rationnel » (Seurat), on note la rigidité, l'immobilité, l'abstraction, la précision, l'absence de réactions aux couleurs.

En pathologie, ces deux types se retrouvent : ainsi, chez l'épileptique, les dessins « sensoriels » prédominent. Chez le schizoïde et le schizophrène, la pensée obsessionnelle poussée à l'extrême produit des dessins « rationnels ».

Il est évident que cette distinction est schématique et que la « normalité » se situe entre ces deux extrêmes ; à certaines périodes, l'évolution de l'enfant peut s'orienter dans un sens ou dans l'autre. L'apport de l'interprétation des dessins dans l'étude des conflits psychologiques est manifeste.

En effet, l'enfant se dessine tel qu'il se sent, tel qu'il voudrait être ; il exprime ainsi le conflit existant entre son moi, ses instincts et la soumission aux lois morales et sociales de la vie.

Affectivité : enfants difficiles et mauvais élèves

Les enfants qui n'ont pas de bons résultats scolaires sont jugés, trop rapidement, paresseux ou déficients intellectuels : si les résultats des tests donnent un Q.I. supérieur à la moyenne, l'enfant est paresseux... Si le Q.I. se situe dans la zone de débilité, l'enfant est alors dirigé dans une classe de l'enseignement spécial... Heureusement, il s'agit d'un constat schématique !

Mais l'enfant en échec scolaire n'est-il pas plutôt un « sensoriel » ? Souvent, ses dessins sont un enchevêtrement de lignes aux couleurs vives, presque palpables, aux thèmes concrets. « Le sensoriel puise ses sujets dans la vie... C'est une profusion de maisons, d'arbres, de fleurs, d'oiseaux, de bateaux, de ponts, de routes, de moulins à vent ; ce monde n'est pas petit : il y a le soleil, les montagnes, la mer, le ciel, il y a des êtres humains absorbés dans des préoccupations familières » (Denise Osson).

L'enfant « sensoriel » est mal adapté à la vie, trop impersonnelle pour lui. En effet, il recherche toujours le contact. Ne le trouvant pas dans la vie, dans sa famille, à l'école, il le crée dans ses dessins.

Précisément, la vie moderne, avec tout ce qu'elle implique d'inhumanité et d'anonymat, isole ces enfants trop sensibles, qui se replient sur eux-mêmes, au point de passer pour paresseux, voire débiles.

On peut envisager cette attitude comme un moyen d'attirer l'attention du pédagogue et de se sentir, de la sorte, lié à lui, faute d'avoir trouvé un moyen plus chaleureux de communication. Une psychothérapie permet souvent à ces enfants de sortir d'eux-mêmes et de maîtriser leur sensibilité exacerbée, incompatible avec l'équilibre psychique. Chez ces enfants, on peut d'ailleurs se demander si les troubles du comportement ne sont pas une « réponse » à une mauvaise insertion scolaire et sociale.

Très souvent, on peut résoudre le problème en considérant l'hypothèse « établie » comme la conséquence de fait.

Le dessin et la santé

En général, les enfants bien portants dessinent des paysages colorés, optimistes. Les enfants dont la santé est déficiente emploient au contraire des couleurs ternes et tristes.

Il m'est arrivé d'analyser les dessins d'un jeune leucémique ; j'ai été frappée par la pâleur des tons employés, jaunâtres et grisâtres. Les thèmes étaient semblables à ceux d'enfants de même âge, mais de ces dessins se dégageait une profonde mélancolie.

L'un de ces dessins représentait une forêt : les arbres ressemblaient étrangement à des veines ou à des artères embroussaillées, tantôt d'un rouge sanguinolent, tantôt d'une couleur jaunâtre pouvant rappeler la lymphe.

Cet enfant se rendait chaque semaine à l'hôpital pour un bilan. Tous les examens qu'il avait dû passer l'avaient marqué au point de faire de ses dessins le véritable reflet des traitements qu'il subissait.

Le dessin, l'enfant et l'angoisse

Les peurs enfantines (loup, sorcières, fée Carabosse des contes enfantins) se manifestent essentiellement à la période préœdipienne, lorsque l'enfant découvre la différence des sexes.

Je me souviens d'un très joli passage du roman de Luc Dietrich, *Le Bonheur des tristes.* Un petit garçon vient d'avoir l'occasion de découvrir la différence des sexes... Il demande à une fillette d'un air un peu inquiet : « Tu as été opérée ? » Et la fillette de répondre : « Et mon œil, il a été opéré ? »

Le petit garçon ressent une certaine angoisse, liée à la peur de subir une castration semblable à celle de la fille. Il lui semble donc que la fille en a subi une. Parallèlement se développe chez la fille un sentiment de frustration et d'envie du pénis capable, lui aussi, de déclencher une certaine angoisse, dite « angoisse de castration », liée au complexe d'Œdipe.

Dans cette situation, le petit garçon désire prendre la place du père auprès de sa mère ; ce désir lui fait craindre la « toute-puissance paternelle ». Quant à la petite fille, elle va se détacher de l'objet d'amour qu'était sa mère, pour devenir sa rivale... Situation complexe et génératrice de conflits. À cette époque où le complexe d'Œdipe est loin d'être résolu, on peut faire le lien entre l'image du père et celle du loup, ainsi qu'entre celle de l'image maternelle et celle de la méchante fée.

En revanche, quand ces enfants dessinent pour « parents » un roi et une reine, il semble que ces représentations soient celles de parents idéaux. Mais, très vite, en principe, apparaissent les différentes angoisses de castration ou du complexe d'Œdipe : au roi et à la reine s'ajoute un personnage ou un animal méchant. La petite fille de 5 ou 6 ans peut même, tant son angoisse est forte, ne donner aucune représentation du père dans le dessin de la famille. Inversement, le petit garçon peut omettre de représenter l'image de la mère, objet d'amour.

Le grand méchant double et le dessin

L'enfant qui, à cause des interdits parentaux et sociaux, est contraint d'adopter une attitude sociale, peut, grâce au dessin, extérioriser sa véritable personnalité, dissimulée le reste du temps à son entourage. L'enfant qui se sent brimé va s'inventer un « double » sur lequel il projettera toutes ses tendances interdites.

Il arrive aussi – et l'expérience me l'a montré bien souvent – que l'enfant difficile, qui vit perpétuellement en conflit avec ses parents, ressente la nécessité et le désir secret de voir ces relations s'arranger : dans ce cas, l'enfant prend un double gentil et docile, à l'opposé de ce qu'il a conscience d'être.

Les enfants dessinent généralement un « double » beaucoup plus jeune qu'eux : par là, ils répondent inconsciemment à l'attitude des parents qui les « maternent », car les parents voient rarement leurs enfants grandir. Il arrive aussi que les enfants marquent de cette façon un désir d'affection. Plus on est petit, plus on a de caresses !

Beaucoup plus rarement, le « double » est plus âgé. Parfois, chez les jeunes enfants, on rencontre un « double » adulte qui, en fait, est le rival du père, et dont l'unique désir est de se substituer à lui et de dominer la famille.

Se dessiner pour se connaître

Chacun d'entre nous se fait une idée bien précise de son allure, de son visage, qui ne correspond que rarement à l'apparence extérieure qu'on lui reconnaît.

Très souvent, les enfants et même les adultes se dessinent tels qu'ils s'imaginent dans leur hiérarchie personnelle des valeurs. L'enfant se dessine non seulement tel qu'il se sent, mais aussi tel qu'il croit paraître. Le dessin constitue donc un négatif photographique de sa personnalité profonde, voire inconsciente, et révèle non seulement ses qualités et ses désirs, mais aussi ses défauts et ses travers : les « complexes » et les « problèmes ».

Ainsi, le portrait de l'enfant par lui-même apparaît comme un tout.

L'autoportrait

Je me souviens d'un adolescent à la peau légèrement basanée qui se dessinait toujours la peau noire : c'était, disait-il, sa vraie couleur. Il se sentait fondamentalement noir et exprimait par ce biais un racisme dont il avait conscience.

Un autre adolescent aux yeux noirs se dessina avec des détails tout à fait réels, excepté les yeux, qu'il fit d'un bleu très clair. Il semblait avoir voulu manifester ainsi le sentiment d'éveil aux choses qu'il ressentait en lui.

Se dessiner soi-même est un apprentissage pour une meilleure connaissance de soi. Quand on dessine son portrait, on utilise deux méthodes simultanées : la spontanéité (inconsciente) et la réflexion (consciente) ; c'est à cause de cette dernière que des facteurs parasites interfèrent dans le dessin. Malgré tout, on tient aussi un peu compte des informations que l'on a reçues des autres – tel cet élève à qui l'on répétait du matin au soir : « Tu es un âne », et qui, sur son autoportrait, se représenta avec de grandes oreilles !

Le portrait de l'enfant par lui-même est donc le lieu de synthèse entre les facteurs intrinsèques (personnalité profonde, désirs extériorisés et refoulés, complexes) et les facteurs extrinsèques (jugement d'autrui, vision de soi dans un miroir).

De plus, dans le fait que l'enfant rende ce dessin, on peut voir chez lui une tendance à s'accepter tel qu'il est. En revanche, certains enfants qui s'acceptent mal trafiquent leur dessin pour se rendre méconnaissables et traduisent par là leurs problèmes. Certains refusent même de rendre leur « portrait », craignant qu'on ne les découvre : ce type est nettement pathologique et se rencontre surtout chez les paranoïaques.

11

DESSIN ET SEXUALITÉ

Schématiquement, la sexualité enfantine passe par cinq stades psychanalytiques. Depuis que Freud a soulevé les tabous, tous les auteurs sont d'accord pour les décrire. En voici quelques-uns.

Le stade oral : entre 0 et 1 an, caractérisé par les phénomènes de succion et de morsure. La mère est la nourriture de l'enfant.

Le stade anal : entre 1 et 3 ans, où se développent les fonctions organiques avec acquisition du contrôle des sphincters. L'enfant offre ses matières à sa mère ou les lui refuse.

Le stade génital : de 3 à 5 ans, centré principalement sur l'existence du complexe œdipien.

Le stade de latence : de 5 ans à la puberté.

Le complexe d'Œdipe

La révélation du complexe œdipien et son analyse par Freud furent considérées à son époque comme un sacrilège : comment osait-on parler de la volupté d'un jeune enfant, considéré alors comme pur et sans souillure ?

En quoi consiste ce complexe ?

L'enfant, au début de sa vie, n'a qu'un objet d'amour, sa mère nourricière, qu'il soit garçon ou fille. Petit à petit, cette relation se transforme en une relation ternaire, où l'enfant va s'attacher au père. Il franchit donc une étape importante quand il arrive à faire abstraction de sa mère pour s'attacher au père. Or, s'attacher à son père est une preuve de bonne évolution, dans la mesure où l'enfant a su se détacher de l'être qui lui apportait protection, sécurité, amour (confondu au début avec nourriture). La persistance d'un attachement excessif à la mère marque donc une régression, une peur de quitter l'objet « sécurisant ». En revanche, l'attachement au père est une preuve d'évolution « progressiste ».

Peu à peu, l'évolution se poursuit et l'enfant, dans les premières années de sa vie, est alors attiré par le parent du sexe opposé : pour le petit garçon, la mère demeure l'objet d'amour immuable ou inchangé, alors que la petite fille est attirée par son père. Cette nouvelle situation entraîne une rivalité. Le garçon voudrait bien garder sa mère pour lui, monopoliser son affection. La fille, tout en aimant sa mère, aimerait bien la supplanter dans l'affection du père. Cette situation est tout à fait normale et n'a rien de pathologique. Elle se résoudra d'elle-même par l'imitation, plus ou moins consciente, du parent rival. La fillette imitera sa mère, adoptera ses mimiques, essaiera de la copier et de répéter les phrases dont celle-ci use le plus souvent.

Cependant, lorsqu'on parle de « complexe d'Œdipe », il faut distinguer nettement deux situations ; d'une part, la situation œdipienne, qui n'exprime que la relation normale de l'enfant avec ses parents, n'est qu'une période évolutive, obligatoire, par laquelle passent tous les individus, et qui n'a aucune conséquence pathologique dans le développement ultérieur ; d'autre part, le véritable complexe d'Œdipe, où survient un arrêt complet dans l'évolution de la situation œdipienne. Un véritable « blocage » apparaît : l'enfant ne peut pallier un conflit si aigu et angoissant que par un refoulement, source de névroses, qui transparaîtront alors plus ou moins dans ses dessins.

En fait, il faut dire avec Corman que l'important n'est pas d'avoir vécu la situation œdipienne, puisqu'elle est inévitable, mais de l'avoir dépassée.

Un enfant qui dépasse cette situation (et cela plus ou moins tôt) est un enfant dont l'évolution est normale. Au contraire, si un blocage survient lors de l'évolution œdipienne, l'enfant aura des difficultés d'adaptation qui pourront évoluer au pire vers une névrose.

D'un point de vue psychanalytique, la bonne ou mauvaise résolution de ces stades aboutira à une sexualité dite normale ou perverse, qui se manifestera dans les dessins de l'enfant.

Ainsi, par exemple, l'enfant qui n'aura pas su se dégager du stade oral dessinera souvent des personnages à bouche épaisse ou porteurs d'objets à manger ou à sucer.

Un stade anal mal résolu se traduit dans le dessin par des couleurs sombres, sales, des aspects tourmentés.

Un stade génital mal résolu se traduit dans les dessins par :

– de nombreux *éléments phalliques* (bâton, chapeau pointu, pipe, canne, armes, etc.) ;

– une *valorisation* nette du sujet ou de son équivalent symbolique (ainsi, une petite fille se dessinera sur le même plan que sa mère) ;

– des *erreurs*, des *omissions*, une dévalorisation d'un membre de sa famille ;

– des images d'une *masturbation* ressentie comme coupable (absence de mains, mains mutilées ou dans les poches, bras trop courts, représentation de l'auteur parfois paré d'une large ceinture isolant tronc et jambes) ;

– une *tendance homosexuelle*, qui peut s'extérioriser dans le dessin d'enfant par une difficulté ou un refus de reproduire un personnage de sexe opposé, une trop grand utilisation de symboles sexuels de type exclusivement féminins ou masculins.

Le test de la famille

Plusieurs tests sont utilisés pour préciser le degré d'évolution dans la situation œdipienne. Le test de la famille met en évidence les relations de l'enfant et de ses parents.

En situation œdipienne, donc normale, la petite fille est attirée vers son père et rivalise, vis-à-vis de ce dernier, avec sa mère : dans ses dessins de la famille, elle apparaît proche de son père, sur le même plan que sa mère ou de même taille, très valorisée, montrant par là que son désir est de la supplanter.

En revanche, le petit garçon montrera dans ses dessins son attachement à sa mère.

Si l'enfant n'arrive pas à dépasser cette situation œdipienne, son amour pour le parent de sexe opposé se transforme en haine, et ce parent est nettement dévalorisé dans les dessins.

Un cas particulier, plus complexe, est celui de l'Œdipe inversé décrit par Corman : il « se traduit chez le garçon par une identification féminine qui le fait se comporter dans ses relations avec ses parents suivant le modèle de son sexe ».

Le test du gribouillis

Corman utilise ce test pour explorer cette situation œdipienne plus ou moins dépassée. Il peut être étendu à l'adolescent et à l'adulte.

Pour Corman, la feuille blanche de papier représente « l'espace vital offert à l'expansion du sujet qui la recouvrira par son tracé, dans l'exacte mesure où il peut dans la vie "s'épanouir librement" ».

Le gribouillis représente la synthèse du conflit entre les pulsions instinctives et leur contrôle par le moi.

Si on demande à un sujet d'inscrire son nom au milieu de la feuille, la zone située en dessous du nom de l'individu représente la zone de l'instinct de conservation. C'est la zone maternelle. La zone située au-dessus du nom est la zone d'expansion, la zone paternelle.

Ainsi, le sujet qui a bien résolu sa situation œdipienne et l'a dépassée utilise pour son gribouillis toute la feuille au-dessus et au-dessous de son nom : le sujet qui est resté attaché à sa mère gribouille au-dessous du nom ; le fait qu'il laisse vierge la partie supérieure de la feuille montre l'interdit qu'il ressent à affronter son père dans une compétition agressive et/ou érotique.

Corman précise qu'il est souvent nécessaire de répéter le test plusieurs fois : il arrive que certains sujets fassent un premier gribouillis témoignant de leur attachement maternel alors qu'un second gribouillis apparaît plus complet. Ces sujets traduisent ainsi le fait que, s'ils conservent un attachement maternel œdipien, ils sont cependant capables de s'en détacher.

Tous ces éléments sont en fait très schématiques. Ce n'est pas parce que l'enfant pare un personnage d'un chapeau pointu que l'on doit conclure nécessairement à une perversion sexuelle. En effet, la sexualité dite normale est un leurre ; elle n'est que la somme de pulsions diverses.

Là encore, c'est l'étude chronologique et régulière d'une série de dessins qui peut permettre de dégager au mieux le trouble sexuel dont souffre l'enfant, de façon à lui venir en aide.

Le narcissisme dans le dessin

Narcisse est ce personnage légendaire, célèbre par sa beauté physique, qui, au bord d'une fontaine, y aperçut sa propre image et tomba en extase. Désespéré de ne pouvoir la saisir, il languit et mourut. Il fut changé en fleur...

Le narcissisme est fréquent à certaines périodes de la vie de l'enfant. Lors du complexe d'Œdipe, il arrive que le petit garçon se « soigne » tout particulièrement dans son dessin et se pare, comme son père, d'éléments valorisants. Cela se comprend, puisque l'enfant tente de ressembler le plus possible à l'homme qui est son rival dans le cœur de sa mère ! La fillette, elle, se complaît dans la coquetterie pour « séduire » inconsciemment son père. Dans le dessin, elle se dessine aussi grande et aussi jolie que sa mère... Ce narcissisme est d'autant plus utile qu'il aide à la bonne résolution du complexe d'Œdipe.

Le narcissisme domine encore l'affectivité des adolescents, qui se créent une image idéale d'eux-mêmes, sur le plan physique aussi bien que psychologique. Physiquement, cela se traduit par des heures passées devant la glace à se contempler, ou par des soucis vestimentaires qui occupent une bonne partie du temps. Psychologiquement, ce sont, le plus souvent, des discussions à n'en plus finir avec les copains, la tenue d'un journal intime. Dans le dessin de « la famille », ces préoccupations se traduisent le plus souvent par une opposition systématique aux parents. L'image des parents est bâclée, voire mutilée, tandis que l'adolescent est soigné, détaillé : coiffure à la mode, vêtements *in* !

La masturbation et le dessin

Sujet tabou par excellence, considérée bien souvent avec réprobation et dégoût, la masturbation est pourtant naturelle dans les premières années de la vie enfantine.

Elle tirerait son origine de la transformation fantasmatique de l'amour maternel, dans tout ce qu'il a de physique. En effet, le tout petit enfant est cajolé, caressé, dorloté pour la toilette, les repas. Mais, au fur et à mesure qu'il grandit, les caresses se raréfient. Et c'est ce besoin d'être touché, manipulé qui, de plus en plus rarement satisfait, entraîne la masturbation.

Or, dans cette période, l'enfant est en plein conflit œdipien, culpabilisateur par excellence, et la masturbation est associée à la notion de culpabilité. De plus, les parents condamnent bien souvent de telles « mauvaises habitudes », ce qui ne fait qu'accentuer le climat initial de frustration en le doublant d'une angoisse de castration.

La masturbation apparaît donc comme une réponse à une situation frustrante : manque d'affection, par exemple. Elle n'est pas pathologique et, dans la mesure où elle n'est pas fréquente, elle ne traduit pas un grand déséquilibre. Mais le repliement sur soi, qui exclut toute communication avec autrui, ne fait qu'aggraver le sentiment de culpabilité de l'enfant.

Dans les dessins, la masturbation culpabilisatrice se traduit, le plus souvent, par des omissions : absence de mains, mains mutilées ou dans les poches, bras trop courts, absents ou embryonnaires, large ceinture isolant le tronc du bassin.

Quand le prédélinquant dessine

J'ai remarqué un narcissisme important dans les dessins d'enfants prédélinquants. C'est un des traits psychologiques, souvent caractéristique, de ce genre d'enfants.

Fréquents sont les cas d'enfants chapardeurs qui se procurent, aux étalages des grandes surfaces, des vêtements à la mode, ne se contentant plus de les dessiner sur une feuille. Coquetterie ou carence d'affection ? Il est à noter que c'est rarement la nécessité qui les pousse à voler. Mais il existe un plaisir de voler (kleptomanie) qui n'est qu'une déviance sexuelle.

Là aussi, cette prédélinquance se traduit par l'absence de mains, qui peuvent être cachées derrière le dos ou dans les poches. Lorsque l'enfant ou l'adolescent se dessine, il agrémente sa propre image d'éléments valorisants et a tendance à bâcler tous les autres personnages.

Voici le dessin d'un grand adolescent de 17 ans incarcéré pour vol et agression sur la personne d'une femme pompiste. Le personnage, bien au milieu de la feuille, ressemble à un héros de western, une cigarette à la bouche, les mains apparemment cachées derrière le dos, pistolets sur les cuisses, éperon bien visible au bas de la botte droite (le pied gauche est mal dessiné). Les mains derrière le dos peuvent souligner la propension à la délinquance et/ou des problèmes de violence (voir page suivante).

Dans l'anamnèse de ce jeune, on apprend que le père, éthylique, est très violent. Ces mains cachées peuvent aussi évoquer une problématique sexuelle : sous le large ceinturon qui sépare le tronc de l'abdomen, on remarque la présence d'une braguette soulignée par de petits traits.

Les tendances sexuelles dans le dessin

Les tendances sexuelles transparaissent partout. Nombreux sont les tests qui aident à les mettre en évidence.

Dans les dessins, bien des symboles ont trait à la sexualité : nous avons déjà souligné la présence d'objets (généralement pointus) auxquels on peut attribuer une signification phallique.

La terre, la lune et l'eau symbolisent l'image féminine, pouvant être fécondée.

Les formes creuses et arrondies (casseroles, par exemple) peuvent aussi être des symboles sexuels féminins.

Plus complexes, les omissions répétées des mains, de la bouche, voire des bras, évoquent conflits sexuels ou masturbation.

Les vêtements aussi ont parfois une signification sexuelle ; s'ils sont collés au corps, ils traduisent l'« envie du pénis » chez l'adolescente (ou « complexe de Diane ») ; on notera aussi l'importance des larges ceintures qui séparent tronc et membres inférieurs.

La représentation d'une personne met donc bien en relief les problèmes sexuels.

L'homosexualité

Les enfants qui ont des tendances homosexuelles se caractérisent généralement par une préoccupation narcissique de leur corps. Lorsqu'un garçon d'une dizaine d'années ne représente que des hommes (dans ses dessins libres) ou des garçons, en prenant soin de leur donner une belle allure, on peut considérer qu'il fait preuve de narcissisme, pour le moins, et qu'il a des tendances homosexuelles. Il en est de même pour les fillettes qui ne représentent que des sujets féminins et qui ont des difficultés à reproduire des personnes du sexe opposé.

Cette gêne que peuvent sentir certains enfants à dessiner une personne du sexe opposé est donc susceptible, en réalité, de masquer une homosexualité latente.

Le test de la personne humaine (K. Machover) et les troubles d'identité sexuelle

Ce test consiste à donner à l'enfant une feuille de papier (format 21 × 29,7 cm de préférence). Dans un premier temps, on lui propose de dessiner une personne dont l'examinateur ne précise pas le sexe. Dans un deuxième temps, l'examinateur relève la feuille et demande au sujet de dessiner une personne de sexe opposé à celle du premier dessin.

En général, dans le premier dessin, les enfants dessinent une personne de leur sexe, qui est en fait la projection de leur propre corps. Ce premier dessin met en évidence la manière dont l'enfant s'imagine, s'appréhende, se voit.

Les grands dessins expriment l'expansivité, l'agressivité ; les petits, des sentiments d'infériorité. Quant à la localisation du personnage, elle a aussi son importance, selon qu'il est à droite (évolution vers le futur) ou à gauche (repliement sur soi, nostalgie de l'enfance). Si le personnage est bien centré, il est signe de bonne adaptation.

Le premier personnage revêt une grande importance. S'il est effectivement la représentation de l'enfant tel qu'il se sent, on peut se demander comment se sent un enfant qui dessine un premier personnage du sexe opposé au sien, voire asexué !

Les enfants qui ont des troubles d'identité sexuelle, c'est-à-dire le sentiment ou le désir d'appartenir au sexe opposé, dessinent généralement, en premier lieu, une personne du sexe opposé ou à l'allure équivoque.

Dans les personnages masculins, les filles accusent les caractères sexuels secondaires (carrure, pilosité, etc.) et représentent l'« homme » fumant une cigarette ou une pipe. Dans les personnages féminins que dessinent les garçons, les caractères sexuels secondaires sont, là encore, fortement accusés. La poitrine est très souvent agressive, la chevelure exubérante, la bouche sensuelle.

Dans ce test, les parties omises ou raturées ont une signification.

J'ai fait dessiner une adolescente de 15 ans. Son premier personnage était une femme, sans corps. Comme je semblais surprise de ne voir qu'un visage, elle prétexta son inhabileté.

En fait, cette jeune fille n'acceptait pas son corps. Ne pas le représenter était un moyen de le camoufler. Comme on ne peut pas étudier un dessin isolément, sans l'insérer dans le contexte socioculturel de l'enfant, je m'informai. Le père de cette jeune fille la soupçonnait d'avoir des relations sexuelles avec des garçons beaucoup plus âgés qu'elle. Ressentant la censure paternelle, elle avait réagi en conséquence, cachant ce qui faisait problème et feignant d'ignorer ce corps investi de culpabilité.

La naissance des perversions

Si, dans un dessin représentant des personnages, ceux-ci sont bien représentés, si leur appartenance à un sexe déterminé n'est pas ambiguë, si les mains et les bras sont bien dessinés et leurs proportions respectées, on peut dire que la sexualité est convenablement acceptée par l'enfant. En revanche, si celui-ci à des difficultés à dessiner une personne du sexe opposé, voire refuse de la représenter, il y a de grandes chances pour que l'on découvre un conflit œdipien mal résolu, générateur de perturbations sexuelles.

Rappelons-le : il est important, par l'analyse de nombreux dessins, sans se fixer sur un détail unique, de découvrir ces problèmes sexuels. Non seulement parce qu'ils sont source de retard scolaire et de difficultés éducatives, mais parce qu'ils peuvent se transformer en perversions, parfois définitives, chez l'adulte.

Ainsi, parmi de nombreuses autres causes, un complexe d'Œdipe mal résolu peut faire d'une petite fille une femme frigide, une allumeuse, une nymphomane ou une lesbienne.

Insistons sur le fait qu'il n'existe pas de sexualité « normale » : celle-ci n'est constituée que de pulsions diverses. L'adulte, à partir de ces « perversions » enfantines polymorphes, élaborera un tout adaptatif. Cela montre bien qu'il ne faut pas déduire systématiquement de dessins comprenant des détails de nature sexuelle que leur auteur présente une pathologie sexuelle. Ces détails existent toujours et vont disparaître – ou apparaître – au cours de l'évolution enfantine. En particulier, la puberté apportera de grands changements ; il faut remarquer que les dessins, durant cette période, sont angoissés, et que la couleur noire y prédomine.

Libération et défoulement dans le dessin

Si nous avons parfois tant de mal à résoudre nos problèmes personnels, cela provient sans doute en partie de l'impossibilité que nous éprouvons à les considérer de l'extérieur.

Par exemple, si un de vos amis vient vous trouver et vous raconte ses derniers conflits conjugaux, c'est parce qu'il sait que vous pourrez considérer la situation de l'extérieur, c'est-à-dire objectivement et sans parti pris. Mais, si des ennuis semblables vous arrivent, vous qui avez pu être de si bon conseil pour votre ami, vous ne comprendrez plus aussi parfaitement la raison de vos propres déboires.

Le phénomène est à peu près identique en ce qui concerne l'enfant : il projette dans le dessin ses conflits conscients et inconscients ; de ce fait, il les exorcise inconsciemment. Ses problèmes une fois transposés sur une feuille de papier, l'enfant peut les considérer d'un œil neuf. Les conflits revêtent une réalité en dehors de lui et, par là même, sont dédramatisés.

Un petit garçon de 4 ans, sur le point d'avoir une petite sœur, ressent le besoin de la dessiner. Il fait de la petite sœur un dessin charmant. À côté d'elle, cependant, un infâme gribouillis traduit une régression due à une décharge de jalousie. L'agressivité de ce petit garçon envers le futur bébé s'est donc extériorisée ainsi.

D'une façon générale, le dessin défoule ; il apaise, par exemple, la tension nerveuse de celui qui gribouille en attendant une communication téléphonique. L'adolescent qui dessine des personnages aux organes sexuels apparents sait très bien ce qu'il fait : il recherche une réponse à ses questions et l'affirmation de sa propre sexualité. Il ne se sent pas très sûr de lui et a besoin de cette assurance qu'il puise dans cette forme d'exhibitionnisme. Les petits papiers recouverts de femmes aux seins agressifs sont souvent les « billets doux » que s'envoient les adolescents pendant les cours qui ne les intéressent pas...

12

DESSIN ET PSYCHOTHÉRAPIE

Dans certains cas de troubles psychologiques très graves, il arrive qu'un enfant qui avait acquis le langage devienne pour ainsi dire « muet » (mutique) ; il se replie sur lui-même au point de ne plus ouvrir la bouche. Dans le cas d'un adulte, on aura aisément recours à une psychothérapie. Chez l'enfant, le langage parlé est difficilement utilisable : il le domine mal et la relation médecin-malade, fondement même de la psychothérapie, ne pourrait pas s'instaurer.

En revanche, le dessin, parce qu'il est langage par lui-même, est une technique psychothérapique très utile, dans la mesure où il permet l'établissement de cette relation.

La première utilisation du dessin en psychothérapie a été faite par H. Morgenstein avec des résultats très significatifs. En 1926, le professeur Heuyer lui confia le soin de s'occuper d'un petit garçon mutique, intelligent. Une méthode d'investigation verbale n'étant pas possible dans ce cas précis, le professeur Heuyer imagina le dessin comme biais thérapeutique. H. Morgenstein nota, dans les dessins de cet enfant, des thèmes d'une violence extrême : agressions, mutilations, etc. Elle traduisit ces images en termes de castration et d'angoisse. L'enfant retrouva finalement l'usage de la parole, mais ses dessins, eux, ne « parlèrent » plus.

Widlöcher nous dit que « l'art de conduire une psychothérapie d'enfant ne consiste pas à savoir interpréter ses dessins, mais à saisir dans le comportement de l'enfant et en partie (parfois en grande partie) à travers ses dessins les traces de l'expérience vécue de la relation thérapeutique et en faire l'usage que l'on souhaite».

En effet, Le Barre et Monod ont montré, dans leur étude portant sur un groupe d'enfants en psychothérapie, que les dessins exécutés en cours de psychothérapie étaient différents des dessins exécutés dans la vie quotidienne : «Il semble que c'est à travers les dessins exécutés en cours de thérapie qu'apparaît l'essentiel des problèmes relatifs à la situation de malade que l'enfant peut vivre.»

Les divers types de relation thérapeutique

Widlöcher définit schématiquement quatre types de relation thérapeutique : «la psychothérapie de soutien ou de suggestion, la psychothérapie d'expression ou cathartique, la psychothérapie relationnelle et la psychothérapie psychanalytique».

Le rôle du dessin est peu important, voire négligeable, dans le premier et le troisième type de psychothérapie. En revanche, il est largement utilisé dans les deux autres techniques.

En psychothérapie d'expression (ou cathartique), l'enfant, dans son dessin, extériorise beaucoup mieux que par le verbe ses problèmes (désirs, soucis, angoisses) devant un tiers.

Mais c'est surtout en psychothérapie analytique que le rôle du dessin apparaît déterminant.

La tâche du psychanalyste, pendant les séances, est d'empêcher l'enfant de reproduire ses schèmes et habitudes affectives et de lui permettre de vivre pleinement leur caractère fantasmatique.

L'enfant n'y parvient pas d'emblée : au début, il s'oppose à cette relation en ne faisant que de beaux dessins ; «puis, peu à peu, les contraintes, les stéréotypies s'atténuent ; l'enfant se contrôle moins et livre dans ses dessins ses fantasmes. La répétition, alors, de certains thèmes devient riche en significations. Ce ne sont plus de “beaux dessins” mais des “dessins libérés”. »

Parfois, à ce stade, l'enfant abandonne le dessin comme base relationnelle pour le langage parlé.

Cependant, il peut se produire un blocage de la relation entre l'enfant et l'analyste : l'enfant se met à appauvrir ses dessins qui deviennent inexpressifs et conventionnels ; c'est pour lui un mécanisme de défense particulièrement efficace quand il ne désire plus la relation.

Schématiquement, on utilise le dessin comme technique psychanalytique entre 6 et 11 ans chez l'enfant. Avant 6 ans, le vocabulaire permettant à l'enfant de commenter un dessin est trop pauvre ; après 11 ans, l'évolution propre du dessin donne à ce dernier un caractère trop conventionnel.

Dessin et psychanalyse

La première référence à la psychanalyse de l'enfant apparaît dans une publication de Freud, *Cinq psychanalyses* (1909). L'« Analyse d'une phobie chez un petit garçon de 5 ans » résulte de l'observation du petit Hans, à partir de laquelle Freud propose l'essentiel de la théorie des phobies. Hans, atteint d'une phobie des animaux, est traité par son père sous le contrôle de Freud, qui utilise et commente observations écrites et dessins de l'âge de 3 ans à 4 ans et 9 mois. Le père de l'enfant, après une visite au zoo avec son fils, a dessiné une girafe ; Hans dit à son père : « Dessine donc aussi le fait-pipi. » Le père réplique : « Dessine-le toi-même ! » Hans ajoute alors au dessin un trait court en le prolongeant d'un trait plus long, et remarque : « Le fait-pipi est plus long. » Freud montre comment la transformation de la libido en angoisse s'est projetée sur l'objet principal de la phobie, le cheval.

C'est, entre autres, à partir de ces données que Freud a pu montrer comment l'angoisse de castration a une fonction essentielle dans le conflit œdipien : dans le cas du petit Hans, la phobie s'édifie comme une structure défensive tendant à renforcer le refoulement des pulsions.

13

LA STRUCTURATION SPATIALE ET SES TROUBLES

La structuration spatiale

L'enfant organise son dessin comme il s'organise dans le monde. Au premier stade, l'enfant gribouille, et c'est un moi confus que livre le tout-petit.

Puis vient l'âge du « bonhomme têtard ». Cette représentation de l'espace se fait à l'aide d'une géométrie topologique, c'est-à-dire d'une représentation spatiale où n'existent pas entre les objets de relations de distance et de taille, mais simplement des relations élémentaires de voisinage.

Prenons un exemple. Lorsqu'il dessine un « bonhomme têtard », l'enfant ne tient pas compte des rapports de proportion entre les yeux et la tête, la tête et les membres, etc. Quant aux formes, elles sont approximatives. Le dessin est constitué d'une juxtaposition d'éléments sans véritable continuité ni notion de séparation.

Peu à peu, à mesure que l'enfant grandit, sa compréhension de l'espace s'améliore.

Le point de départ est kinesthésique. Puis, vers 18 mois, le tracé apparaît.

Cependant, si on laisse un enfant faire plus jeune son acquisition du geste, il aboutira à la « tache », que ce soit avec de la peinture, de la pâte dentifrice ou de la bouillie.

Ce premier tracé est symétrique, centré par l'axe du corps (Liliane Lurçat) ; l'enfant tend à décrire des cercles, dans le sens gauche-droite pour la main droite et droite-gauche pour la main gauche.

Dans un second temps, l'enfant acquiert le contrôle de son geste, il apprend à freiner son trait. Parallèlement se développe sa perception visuelle ; il exécute des dessins géométriques qui gardent un caractère symétrique, situés à droite pour la main droite, à gauche pour la main gauche. L'enfant est capable d'unifier les deux champs droit et gauche. Jusque vers 4 ans, l'enfant peut écrire des deux mains : il est ambidextre.

Vers 3 ans, une des deux mains devient dominante (droite ou gauche) et le dessin prend un aspect asymétrique.

Ce phénomène de latéralisation se reflète bien dans les dessins. Ainsi, quand l'enfant atteint le stade où il sait dessiner un profil, Zazzo fait remarquer que les droitiers dessinent des profils regardant à gauche, et inversement pour les gauchers.

Julie, 5 ans et 4 mois, est gauchère. Tentant de représenter un mouton, elle en dessine deux : l'un de profil vers la droite, l'autre vers la gauche.

Dessin et troubles psychomoteurs

De nombreux tests permettent de dépister les troubles existant dans l'acquisition de ce niveau perceptivomoteur, que l'on peut schématiquement diviser en schéma corporel, structuration spatiale et latéralisation.

Le corps apparaît comme le système de référence indispensable pour orienter de manière stable le monde ambiant.

Dans la genèse de l'acte graphique, c'est avec son corps que l'enfant s'exprime. La nature des premiers tracés montre l'importance de l'axe médian du corps sur les mouvements simultanés et symétriques. Le corps devient sa projection dans l'espace ; qu'il s'agisse de la tache ou du gribouillis, c'est bien la première image de son corps que l'enfant projette sur une surface devenue « miroir ». L'enfant va donc projeter l'image de son corps sur une surface extérieure à lui-même. C'est dans ce « miroir » que l'on pourra percevoir comment l'enfant « vit » son corps : à l'aide de sa main gauche ou droite (ou les deux), il va ainsi extérioriser son corps défini par un nouvel espace social : la feuille de papier-miroir.

Si, dans un premier temps, le corps guide d'abord la main, dans un second temps, c'est le contrôle visuomoteur qui va permettre à l'enfant d'accéder à une représentation de plus en plus structurée dans l'espace. Ce n'est que vers 20 ou 22 mois que l'apparition de certaines formes montre l'existence d'une certaine fonction perceptive. Si, au début, la perception permet seulement de localiser le mouvement dans l'espace graphique, en s'associant à l'activité motrice, elle fait évoluer le gribouillis vers un dessin de plus en plus figuratif qui ouvrira le chemin de l'écriture.

Mais cette image du corps, projetée sur un « miroir-feuille », est dépendante du vécu de l'enfant, de la manière dont l'enfant investit son corps, et c'est cet « être-au-monde »-là qui sera reflété sur la feuille de papier.

La distinction entre le haut et le bas, le devant et le derrière, est en règle générale acquise avant l'âge scolaire.

En revanche, la reconnaissance de la droite et de la gauche reste tardive. Pour Clément Launay, elle n'est réussie que dans 86 % des cas à 6 ans et, en copiant l'observateur, dans 80 % des cas à 8 ans. L'épreuve de la position relative des trois objets (voir ci-dessous) n'est réussie qu'entre 10 et 12 ans. Ces résultats expérimentaux donnent une idée de la difficulté de cet apprentissage, qui, pour l'adulte, paraît tout à fait élémentaire.

L'acquisition de la structuration spatiale, bonne ou mauvaise, est une donnée qu'il est important de connaître. Pour Monod, « la signification de l'espace demeure un des pivots de la compréhension du sujet ».

Nous donnerons comme exemple celui de l'enfant psychotique qui, ayant horreur du vide, remplit systématiquement toute sa feuille ; et celui de l'enfant qui, à un stade avancé, n'arrive pas encore à faire la différence entre le contenu et le contenant.

On utilise principalement deux tests pour étudier ces troubles de la structuration spatiale chez l'enfant :

– le *test de l'appartement*, qui permet à l'enfant d'orienter, d'« organiser » l'espace ;

– le *test de la balle perdue dans un champ*, où le champ est figuré par un cercle avec une étroite ouverture. L'examinateur analyse le mode de recherche de la balle perdue.

Le schéma corporel et la structuration de latéralisation sont étudiés à l'aide de nombreux tests codifiés :

– le *test de Piaget-Head* comporte des épreuves de reconnaissance de la disposition de trois objets (tardive chez l'enfant dyslexique) ;

– la *figure de Rey*, comme le *test de Mme Borel-Maisonny*, consiste à faire recopier et reproduire de mémoire des figures géométriques de plus en plus complexes ;

– le *Reversal-test* consiste à reconnaître l'identité ou la non-identité des figures retournées et couplées, et permet de déceler les enfants qui auront du mal à apprendre à lire ;

– le *test de Stamback* précise la rapidité graphique et détermine la latéralité dominante.

Il faut cependant tenir compte de la surcharge affective, qui peut fausser l'interprétation. Les enfants omettent souvent dans leurs dessins des parties de leur corps, sources de conflits.

Hormis les résultats de ces tests destinés à la recherche de troubles psychomoteurs chez l'enfant, on s'attachera avec attention aux réactions du sujet qui dessine : hésitation sur le choix de la main, du côté de la feuille, de la situation des objets, etc.

Dysléralité et dyslexie

La corrélation entre mauvaise latéralisation et dyslexie a été et reste encore un ardent sujet de controverse. Cela tient d'abord, malgré les apparences, à la difficulté de déterminer la fréquence de la gaucherie, qui, selon Hecaen et Ajuriaguerra, « est très difficile à établir en raison du manque de critères absolus ». Ces mêmes auteurs citent des critères qui vont de 1 à 30 % ! Ces chiffres témoignent des contradictions auxquelles on se heurte lorsqu'on est tenté d'établir ce genre de corrélation...

La dominance latérale n'apparaît et ne se précise qu'au cours de la maturation de l'enfant. Il n'y a donc pas de raisons de penser qu'elle échappe à toute influence extérieure. D'autre part, il faut toujours interpréter les données en fonction de l'âge.

Certains enfants sont très vite latéralisés. D'autres ne sont pas encore latéralisés de façon stable à l'entrée en cours élémentaire, soit qu'ils changent de latéralisation à plusieurs reprises (on peut observer de telles variations jusqu'à 7 ou 8 ans), soit qu'ils conservent un certain degré d'ambidextrie, soit encore qu'ils aient une latéralisation croisée. Ce sont surtout ces enfants mal latéralisés qui viennent grossir les rangs des dyslexiques.

Quoi qu'il en soit, ces tests permettent le plus souvent d'appréhender l'existence d'un trouble psychomoteur. Ils sont très utilisés dans le diagnostic de la dyslexie.

14

LE GÉNIE À L'ÉCOLE

Certains enfants font de « très beaux dessins ». Bien souvent, ils sont incapables d'obtenir des effets semblables quelques années plus tard. Beaucoup de dessins d'enfants sont même de véritables œuvres d'art.

Pour être génial, il faut d'abord être créateur, et faire abstraction de toute idée préconçue, de toute contrainte. C'est pourquoi les dessins d'enfants ne sont « géniaux » qu'aussi longtemps qu'y domine la spontanéité. En effet, pour l'enfant, ce n'est pas encore la technique qui prime.

Le peintre « génial » adulte est un créateur qui parvient, tout en obéissant à une technique rigoureuse, à faire abstraction de toute contrainte sclérosante. Gide a d'ailleurs écrit : « L'art vit de contrainte et meurt de liberté. »

L'enfant, lui, ne se plie qu'aux règles dictées par sa spontanéité. Le jour où il prend conscience de ce qu'il fait, où il s'intéresse à l'effet produit, où il ne peint plus uniquement dans la spontanéité et le plaisir, ses dessins deviennent nettement plus ordinaires.

Dans sa thèse de médecine parue en 1974, Michelle Bévérina étudie l'évolution du dessin chez un garçon, Laurent, dont les œuvres révèlent des dons incontestables, alors que ses résultats scolaires ne sont pas brillants. « À la maternelle : il a 3 ans et restera six mois sans parler ; les enseignants le croient sourd. » Autre anecdote racontée par Michelle Bévérina : « À la grande école, à 6 ans et demi, ses parents lui ont acheté un cartable. Son père lui demande s'il est fier. Il répond : "Je me demande pourquoi on vit, à quoi je sers !" »

À l'âge de 4 ans, le graphisme de Laurent est comparable à celui d'un enfant de 7 ans (lors du « test du bonhomme », par exemple). À 5 ans, Laurent dessine comme un enfant de 10 ans : ses dessins sont réalistes, colorés, et l'on ne note que de rares signes enfantins. Au même âge, il est capable de représenter des volumes, la perspective, le mouvement. Vers 8 ou 9 ans, il est difficile de croire que ses dessins sont ceux d'un enfant, tant le trait est maîtrisé, les sujets dominés et variés : ce sont des personnages, des chevaux, des paysages. Laurent, dont les tests révèlent une intelligence normale, souffrira pourtant de difficultés scolaires, au moins jusqu'en classe de cinquième – époque à laquelle Michelle Bévérina rédige cette thèse.

Laurent a une prédilection pour représenter des scènes qui, en fait, le déconnectent de la réalité et nous renvoient dans des pays lointains, hors de portée, c'est-à-dire à l'imaginaire.

Le cas de Laurent et de nombreux enfants très doués pose le problème des limites de la psychopathologie. L'adaptation scolaire permet souvent de distinguer nettement entre normalité et pathologie.

Les bonshommes de Florent

Florent, 3 ans, dessine des personnages très évolués : l'un a des mains à cinq doigts, et le front est signalé par un gribouillage au-dessus des yeux. Six mois plus tard, comme un enfant beaucoup plus âgé, il représente « les jouets de Titou » et se montre capable de figurer une maison sans rabattement, un train électrique, un robot à la tête géométrique. À son entrée en élémentaire, Florent dessine moins et s'intéresse aux maquettes. Son cursus scolaire sera remarquable. Son intelligence aux tests est très supérieure à la moyenne.

L' automne selon Guillaume, 10 ans *(page 37)*.

Le dessin de Chloé, 11 ans, témoigne de sa créativité *(page 136)*.

Maria, 10 ans, a représenté sa famille au bord
d'une rivière, traduisant ainsi son énurésie *(page 56)*.

Alain, 6 ans et demi, a représenté « le pompier qui éteint le feu »,
thème fréquent dans les dessins d'enfants énurétiques *(page 56)*.

« Papa est parti », dessin d'Isabelle, 7 ans *(page 176)*.

Dessin d'Alice, 7 ans. Le dédoublement des maisons est symbolique de l'éclatement de la cellule familiale *(page 176)*.

Marie a représenté la maison de sa maman *(page 177)*.

TROIS REPRÉSENTATIONS DE L'AMOUR

Ci-contre : L'amour signifié *(page 219)*.
En bas à gauche : Une vision réaliste *(page 219)*.
Ci-dessous : L'amour physique vu par Florence, 11 ans *(page 219)*.

« La soricère », dessin d'Amrit,
5 ans et demi *(page 227)*.

« La nuit, j' ai peur qu'on me tue »,
dessin de Johnny, 8 ans *(page 227)*.

La deuxième histoire de Laura, 7 ans : « Une dame dit adieu à son mari qui part faire un long voyage... » *(page 230).*

Le bonhomme de Gladys, 5 ans, réalisé en 1921. Un thème intemporel. *(page 234)*.

Ci-dessous : Dessin de Laure, 4 ans et demi. L'harmonie des couleurs, la fenêtre ouverte, le beau soleil témoignent de son équilibre *(page 255)*.

Dessin de Gislaine, 11 ans. La maison aux volets clos, l'absence de chemin sont les signes d'une pathologie *(page 256)*.

Dessin d' Y., 21 ans. Le cloisonnement, les fenêtres grillagées, l'arbre atrophié sont les signes d' une personnalité psychotique *(page 256)*.

Dessin de Florent, 3 ans.

Six mois plus tard : les jouets de Titou.

Le don et l'humour dans le dessin, ou quand l'enfant observe

Une femme noire

Mark est un garçon de 7 ans qui dessine comme un adulte qui saurait dessiner. Ses dessins n'ont pas le caractère enfantin des autres enfants de cet âge : la femme noire qu'il représente est une esquisse exécutée rapidement et de mémoire sur un coin de nappe, alors qu'il revenait d'un voyage en Afrique avec ses parents.

Ce qui peut surprendre dans ce dessin, c'est la netteté du trait, le réalisme du personnage. Il est évident que ce dessin est celui d'un enfant que l'on peut dire « doué » et excessivement intelligent ; si cette femme noire n'a ni mains ni pieds, elle n'en a pas moins tous les appas d'une femme : seins, sexe-fleur, boucles d'oreilles, collier, bracelets et même un nombril à l'air... Ces détails témoignent du sens de l'observation de ce petit garçon. Primauté est donnée au visage, très détaillé (oreilles, bouche) et coloré. Si Mark s'est donné tant de peine pour souligner les oreilles et les lèvres en rose, c'est qu'il leur attribue une grande valeur : ne s'agit-il pas des organes de la communication ? Ainsi, Mark témoigne de l'importance qu'il réserve au langage et aux échanges d'idées. D'ailleurs, Mark s'exprime comme un adulte.

Le milieu socioculturel de Mark est très élevé et favorise vraisemblablement son apprentissage du dessin.

Quand les génies étaient jeunes

L'histoire de l'art indique que de nombreux artistes ont témoigné de dons dès leur enfance. C. Park (1978) a répertorié dans l'étude de Vasari, *Vies des peintres les plus éminents*, dix-huit enfants italiens, peintres prodiges, entre le XIVe et le XVIe siècle. Ces enfants de la Renaissance exécutaient, à 8 ou 9 ans, des œuvres dignes de celles d'adultes. Plus récemment, G. V. Thomas et A. M. J. Silk nous rappellent que Picasso et Klee, par exemple, montraient déjà une maîtrise artistique extraordinaire lorsqu'ils étaient enfants – don qui n'est pas comparable au génie de Mozart, qui composait déjà à l'âge de 4 ans. Un génie passe par les stades du développement des autres enfants, mais à un rythme beaucoup plus rapide.

Une toile de Salvador Dalí datée de 1914 (l'artiste a 10 ans) et conservée au musée de Saint Petersburg (Floride) est intitulée *L'Enfant malade.* Selon ses biographes, l'originalité de Dalí « s'est développée à un très jeune âge, pour essayer d'établir sa propre identité et se distinguer de son frère, qui s'appelait aussi Salvador, mais qui était décédé dix mois avant la naissance de Dalí. Ses parents le comparaient continuellement avec feu son frère. Il combattit cela en manifestant une attitude extrê mement bizarre. » Le sujet de cette toile renvoie sans doute au contexte morbide dans lequel Dalí évolue, enfant. La maladie représentant un pas vers la mort.

Demandons-nous, avec Rimbaud, si le propre des êtres de génie n'est pas, précisément, de percevoir en eux la présence d'un autre, s'il est vrai que « Je est un autre ».

Quelle que soit la nature de leurs œuvres, les enfants et les génies nous transmettent des messages, dont nous ne décryptons que ce que nous comprenons.

Le génie des malades mentaux

On peut parler du génie des malades mentaux, dans la mesure où ils sont libérés de toutes les contraintes auxquelles sont soumis les individus « normaux ». Cependant, la plupart du temps, leurs dessins sont inesthétiques.

Il arrive, malgré tout, que de véritables artistes, jusqu'alors insoupçonnés, soient révélés au cours de psychoses, et notamment en poussées aiguës. Chez un sujet déjà artiste auparavant, la psychose peut accentuer ou, au contraire, annihiler le sens artistique.

Dans le cas de la psychose, les dessins et les peintures ont une valeur thérapeutique certaine. Le malade peut, dans ses dessins, se raconter et revivre ses problèmes inconscients. Par cette catharsis, le sujet se délivre de ce qui l'obsède.

À certains stades de la maladie, les psychotiques passent par des périodes de crise qui leur font produire des effets assez extraordinaires, dignes des plus grands peintres.

Certaines galeries d'art achètent la production des malades mentaux. Ces œuvres révèlent souvent un sens esthétique rare, allié à une originalité toujours insolite. On peut se demander si le peintre n'est pas un « fou », comme tous les visionnaires. Où s'arrête le normal, où commence le pathologique ?

Les tendances les plus manifestes que l'on retrouve dans les dessins de ces malades sont érotiques.

Les couleurs des dessins et des peintures des malades mentaux sont intenses, juxtaposées sans souci de complémentarité, ou, au contraire, monotones, sales, tristes et noires, voire absentes.

Tous ces effets extraordinaires, dus à la maladie mentale, s'évanouissent souvent avec le retour à la normale ou le passage à la chronicité. Mais il arrive aussi, malheureusement, que l'apparition d'une affection mentale infléchisse le style d'artistes reconnus, voire l'annihile plus ou moins rapidement.

Le génie à l'école, « l'inné et l'acquis »

L'école devrait être le moins contraignante possible, pour permettre à l'enfant de mieux se connaître et lui laisser acquérir le sens de ses responsabilités. Cependant, il faut apprendre à respecter les règles sociales : c'est là toute l'ambiguïté qui fait la richesse de la profession d'enseignant. La pédagogie du dessin à l'école repose encore trop souvent sur un classicisme démodé, surtout dans le secondaire. Combien de fois avons-nous dû reproduire un vase de fleurs – à supposer, fait extraordinaire, qu'il y en eût vraiment ? Il nous fallait beaucoup de sens esthétique et de sensibilité pour en faire un tableau poétique.

Le pédagogue doit être présent pour stimuler son élève et lui donner confiance. Le dessin étant un moyen de connaissance pour tout éducateur, celui-ci doit profiter de la chance qui lui est ainsi donnée.

Si des règles sont nécessaires, et s'il est vrai qu'il faut les apprendre pour progresser, néanmoins elles ne doivent pas étouffer un sens artistique encore embryonnaire. Le pédagogue doit surtout fournir des encouragements et rendre l'atmosphère propice à la création artistique.

Doit-on laisser l'enfant libre de ses actes et de ses œuvres, même si le résultat est désastreux sur un plan esthétique, ou doit-on au contraire lui inculquer des règles, telles la théorie des couleurs et celle de la perspective, qui ne sont, bien souvent, que des astuces techniques que l'enfant prend pour argent comptant, sans comprendre leur objet ?

Le but de la valeur formatrice de l'enseignement du dessin rejoint celui de l'enseignement en général, qui est de réunir une certaine somme d'acquis plus ou moins utilisables ultérieurement dans la vie de l'individu.

L'enseignement du dessin vise à développer le sens de l'observation, avant même l'acquisition et la maîtrise du langage.

En fait, s'il n'y avait que de « l'acquis », le problème serait simple. Mais les nombreuses études des facteurs biologiques et des facteurs socioculturels ont montré que, dans l'acquisition du « savoir », interviennent deux facteurs différents : un facteur « inné » et un facteur « acquis », que l'on préfère actuellement scinder en « appris », « nature et culture », « déterminisme et hasard ».

En effet, nombre de pédagogues considèrent qu'il existe une culture, un savoir de caractère universel acquis par osmose, et de ce fait quasiment innés, auxquels les enfants de milieux populaires, qualifiés de défavorisés, ont peu accès : ils « s'expriment mal », ne lisent pas les « bons auteurs », ne visitent pas les musées et les expositions, ne sélectionnent pas les « bonnes émissions » de télévision, etc.

Cette vision du savoir et de la culture est de plus en plus largement contestée par nombre de pédagogues : ceux-ci estiment que cette origine du savoir est totalement fausse. Si les enfants de ces milieux populaires n'ont pas accès à la Culture avec un grand C, c'est qu'ils ont en fait une culture qui leur est propre, notamment une culture « vécue », différente de la « culture de la classe dominante ».

Cette deuxième position vis-à-vis de l'acquisition du savoir me paraît également fausse, et surtout trop simple.

Il semble plus justifié d'avancer que l'enseignement à l'école ne doit en aucun cas s'entourer de tabous, son but essentiel étant d'apporter à l'enfant tout ce qu'il ne peut acquérir dans son milieu, quel qu'il soit, et cela sans faire intervenir des jugements de valeur.

Le « vécu », s'il apparaît riche en valeurs et significations, par sa spontanéité, son aspect direct et synthétique des choses, doit être conservé et même institué dans l'enseignement, sans pour autant entraîner la mise au rebut systématique de la culture traditionnelle. Aucune de ces deux cultures, classique et vécue, n'est subalterne ; elles sont simplement différentes, donc complémentaires. Choisir l'une en refusant l'autre, c'est perpétuer les différences entre enfants ; or, le but de l'école est d'harmoniser au maximum ces différences. Cela suppose une ouverture de l'enseignement et une coopération loyale et impartiale de ses maîtres.

Quant au dessin, en fonction de ces éléments, il est évident que son enseignement, si tant est qu'il soit nécessaire, devra être adapté à chaque enfant selon son milieu.

Ce que le dessin apporte à l'enfant

Il reste que l'apport de l'enseignement du dessin, au sens classique du terme, reste très limité.

Il développe le sens de l'observation chez l'enfant. Il débouche sur l'acquisition de données artistiques. Il peut faire reconnaître à l'enfant des données non conventionnelles (mais ce n'est pas parce que l'enfant aura « appris » à tracer des traits propres et rectilignes qu'il connaîtra pour autant les règles de la perspective et sera tenté de devenir architecte ; de même, ce n'est pas parce que l'on aura disséqué sous ses yeux une œuvre d'art en cercles, carrés, etc., qu'il deviendra artiste).

S. Lebovici estime que l'école « a souvent aussi comme inconvénient de vouloir apprendre trop tôt une technique qui stérilise les possibilités d'expression » de l'enfant.

En effet, il semble difficile, et peut-être préjudiciable à l'enfant, d'inculquer des règles et des astuces techniques. Ces règles sont des règles d'adultes, or le dessin d'enfant, parce que son auteur est un enfant, ne ressemble pas aux dessins d'adultes.

L'enfant « signifie » le réel beaucoup plus qu'il ne le représente. Ses fonctions perceptives, motrices et intellectuelles n'ayant pas encore atteint leur pleine maturité, l'enfant utilise des techniques qui lui sont propres : schématisation, détail exemplaire et hypertrophié, diversité des points de vue, rabattement et transparence. Ces particularités ne permettent pas d'intégrer le dessin d'enfant dans le cadre du réalisme visuel. L'enseignement du dessin n'a donc qu'un rôle très effacé durant cette période de l'évolution du jeune enfant : l'éducateur doit se borner à stimuler le développement de l'enfant ; « s'il appelle anxieusement les progrès de l'enfant », il risque d'inhiber celui-ci dans les domaines affectif et caractériel (Widlöcher).

Cependant, au stade ultérieur du réalisme visuel, où l'enfant dessine ce qu'il voit en se contrôlant, sans plus utiliser d'artifices particuliers, on peut encore se poser la question de l'utilité de l'enseignement du dessin. En effet, Widlöcher note que, dans cette période, le dessin ne représente plus aucun besoin chez l'enfant, qui a d'autres sources d'investigation. Les avis sont partagés, mais nous sommes d'avis que l'apprentissage du dessin dans cette période peut aider l'enfant à se contrôler, à associer l'esprit et le manuel. Plus tard, le dessin peut aider l'enfant dans sa « gymnastique » intellectuelle ; le côté récréatif du dessin peut aider certains enfants à se décentrer des problèmes qu'ils n'arrivent pas à résoudre par le langage, la lecture ou le raisonnement.

La créativité de Chloé

Chloé, 11 ans, vient de rentrer en sixième. Dans un dessin libre réalisé à la maison, elle transforme chaque élément. Chloé recrée dans son dessin tout ce qu'elle peint.

L'avion devient une baleine, le parachute ouvert et son petit bonhomme se transforment en tête de renard, la fusée devient mille-pattes, l'oiseau vole avec son nid – c'est plus fonctionnel ! Pour cette fillette sensible, tout peut se métamorphoser en poésie. Sa créativité est d'autant plus remarquable que sa grande sensibilité n'est pas un handicap pour sa scolarité : si le parachutiste à tête de renard est dans les airs, il est prêt à atterrir, et Chloé, elle, a bien les pieds sur terre, mais son intelligence lui permet de s'adapter à toutes les situations... *(voir cahier hors texte, page I).*

La création du monde

Dans une série de petits dessins, Cyril, 9 ans, a revu la Genèse en bande dessinée. Le trait est précis, les scènes bien choisies, les visages et les gestes des personnages sont très significatifs. L'intelligence qui transparaît dans ces dessins est accentuée par l'humour dont fait preuve leur auteur, y compris dans le riche commentaire associé à chaque dessin. Cette bande dessinée a la « patte » des caricaturistes. Cet enfant ne fait pas seulement preuve d'intelligence, mais aussi d'une certaine indépendance et d'un sens critique qui pourront peut-être le gêner dans sa scolarité *(voir ci-contre).*

Le dessin, moyen d'approche de l'enfant

En définitive, il semble que le dessin à l'école, compte tenu de son utilité, variable selon l'âge, est avant tout un moyen d'approche de l'enfant, d'une part pour l'aider (avec prudence) dans ses acquisitions, sans risquer d'entraîner une inhibition affective ou caractérielle, d'autre part pour mieux le connaître.

Cela ne veut pas dire que l'enseignant doit prendre la place du psychologue, ce qui excéderait largement son rôle. Toutefois, ainsi que le précise bien S. Lebovici, les éducateurs comme les parents « doivent surtout retenir dans le dessin l'impression d'harmonie ou de dysharmonie qu'il peut imposer. La manière dont est représentée la porte,

Dieu s'ennuyait, tout seul, là haut. Mais tout d'un coup il lui vint une idée: Construire une planète...
Euréka
Il décida de la faire en forme de boule comme cela il ferait beaucoup d'autres planètes et il pouvait jouer à la pétanque...
Tout d'abord il la fit grossir pour pouvoir aller dessus et puis, il la dé- -cora avec du vert doux et du blanc froid...
Mais un météore tomba sur le dos du pauvre animal et l'écrasa. Voilà pourquoi le chameau a deux bosses...
Le deuxième animal fut un âne! Il avait de grandes oreilles.
Il fit encore un chien derrière l'âne. Un chien qui était très beau d'ailleurs...
Mais pour cela il fallait enlever une côte à l'homme. Il appela tous les petits dieux pour faire l'opération...

minuscule ou large, permet de se faire une idée des relations entre les parents et les enfants. L'utilisation par le jeune enfant de couleurs vives et agréables, ou au contraire l'absence de couleurs, sont également significatives. Les chemins qui partent et qui conduisent à la porte permettent également d'apprécier l'ouverture de l'enfant vers le monde extérieur. »

S. Lebovici recommande cependant la plus grande prudence : « Il ne s'agit là que d'impressions ; on peut les enregistrer, mais il est toujours dangereux de les communiquer à l'enfant. » Ajoutons : et aux parents.

Depuis ces dernières années, les constatations des enseignants, du psychologue scolaire et du médecin attaché à l'école, faites lors de commissions régulières, aident à mieux connaître l'enfant et, de ce fait, à mieux l'orienter. Il est seulement regrettable que le dessin à l'école n'ait pas encore gagné une place de choix et que son utilisation soit encore trop limitée au cadre hospitalier.

Le deuxième intérêt du dessin à l'école est de toucher des enfants qui ne peuvent, pour différentes raisons (propreté, prix du matériel), dessiner à la maison.

Le dessin est libérateur de pulsions. L'enfant s'y exprime et s'y « défoule » sans contrainte. Les cours de dessin peuvent devenir propices à son épanouissement.

15

QUAND L'ENFANT HANDICAPÉ DESSINE

Tous les enfants dessinent, même les enfants aveugles. Chaque enfant handicapé perçoit le monde à sa façon ; ainsi, l'enfant handicapé visuel n'appréhende pas le monde comme l'enfant handicapé auditif ou moteur.

C'est par le biais de leur perception restreinte que ces enfants nous livrent leurs dessins.

Les causes du handicap

Elles peuvent être diverses. Il en existe de deux types : les causes exogènes et les causes endogènes.

Les causes exogènes

Elles trouvent leur origine dans les traumatismes survenant pendant ou après la naissance de l'enfant. Parmi ces traumastismes, on peut distinguer essentiellement l'anoxie néonatale, les différents troubles respiratoires, cardiovasculaires, et tous les troubles qui ont nécessité une réanimation du nouveau-né.

Ultérieurement peuvent survenir diverses maladies, principalement des maladies infectieuses, pouvant entraîner des atteintes neurologiques périphériques ou centrales, sources de handicaps psychomoteurs et perceptivomoteurs.

Les causes endogènes

Elles sont dues essentiellement aux maladies héréditaires, à certaines maladies de la mère pendant la grossesse et l'accouchement. Elles peuvent léser, à des degrés divers, l'appareil sensoriel, l'appareil locomoteur, les organes cardiorespiratoires ou les fonctions cérébrales.

Ces maladies héréditaires sont liées à l'atteinte d'un ou de plusieurs gènes (par exemple, le mongolisme), du fait d'une mutation. Cette mutation peut être récente et toucher un enfant dont les parents sont génétiquement sains.

La distinction entre causes endogènes ou exogènes est essentielle, mais peut être plus ou moins apparente selon le type de handicap. Cette classification des causes endogènes/exogènes est schématique puisque celles-ci peuvent s'associer et/ou n'être pas encore totalement élucidées, comme l'autisme, les psychoses, etc.

Le dessin du handicapé sensoriel

Le malentendant

Ce qui frappe dans les dessins d'enfants sourds ou demi-sourds, c'est l'importance accordée à la bouche et/ou aux oreilles.

Pour le malentendant scolarisé, l'oreille est appareillée ; c'est donc nanti d'un appareil que l'enfant se voit dans la glace ou qu'il aborde ses camarades.

D'autre part, la préoccupation majeure de l'enfant sourd est la démutisation, si bien que l'enfant perçoit le rôle primordial de la bouche, synonyme de moyen de communication.

De plus, les dessins d'enfants malentendants révèlent très souvent un retard intellectuel. Ce retard n'est qu'apparent. En effet, le développement perceptivomoteur et intellectuel de l'enfant se fait plus lentement que celui de l'enfant normal de même âge. Ce n'est que lorsque l'enfant est rééduqué et démutisé qu'il peut bénéficier des moyens de communication normaux que l'enfant non handicapé a eus à sa portée dès l'âge préscolaire.

Les personnages des enfants sourds ont un aspect massif ; ils ressemblent à des murs ou des bornes. Ils traduisent l'incommunicabilité de l'enfant avec le monde extérieur.

L'enfant déficient visuel

a) L'aveugle total de naissance

Il arrive que l'enfant aveugle ressente le besoin de dessiner, sans doute pour libérer ses pulsions. Il exécute alors une sorte de gribouillis, quel que soit son âge. Il ne faut rechercher dans ces dessins aucune interprétation intentionnelle, ni dans les formes ni dans le choix des couleurs. Les couleurs, bien entendu, sont prises au hasard, le but de l'enfant étant de jouer avec la peinture ou d'entendre le crissement des crayons-feutres au contact du papier.

b) L'aveugle total récent

Cécile, 7 ans, est devenue aveugle après un accident survenu à l'âge de 4 ans. On note dans ses dessins des réminiscences de couleurs, mais les formes semblent s'être totalement estompées. Mis à part le choix intentionnel des couleurs, ses dessins sont semblables à ceux des aveugles de naissance.

Généralement, l'enfant aveugle demande à dessiner, mais très vite il se lasse. En effet, le dessin n'a de sens que s'il est un moyen de dialogue, et l'on peut comprendre qu'une représentation sans relief n'a pas beaucoup de sens pour un enfant aveugle, dont le sens privilégié est le toucher. Cependant, les enfants aveugles se servent avec un réel bonheur de la pâte à modeler, qui leur permet d'aiguiser leur sensibilité tactile et de projeter la conscience qu'ils ont de leur corps.

c) L'enfant amblyope

Le bonhomme de l'enfant fortement amblyope (moins de 3/10 de vision) accuse une représentation grossière, révélant un retard dans l'appréhension de l'image du corps d'autrui.

Comme dans tous les dessins d'enfants handicapés sensoriels, on peut retrouver dans la représentation humaine une place privilégiée ou au contraire occultée de ce qui est le problème de l'enfant : ainsi, on peut aussi bien trouver dans ces dessins des yeux énormes, cerclés de grosses lunettes, ou, à l'opposé, des yeux minuscules. L'enfant met alors l'accent sur ce qui est en fait son moyen de communication privilégié : la bouche ou les oreilles, les mains, et même les pieds, qui jouent un rôle tactile important.

Le rôle attribué au nez dans ces dessins est considérable. L'enfant amblyope le représente souvent massif, affublé de deux énormes narines, et l'on peut se demander si le rôle accordé à cet élément du visage ne vient pas de ce que l'enfant se passe généralement la main sur le visage pour mieux le connaître ; ainsi, il rend en deux dimensions le relief du nez dans son visage, alors que l'enfant normal dessine généralement un trait ou deux petits points à la place du nez. On peut aussi s'interroger sur la manière dont un enfant qui voit très peu peut suppléer à cette déficience visuelle en affinant son sens olfactif.

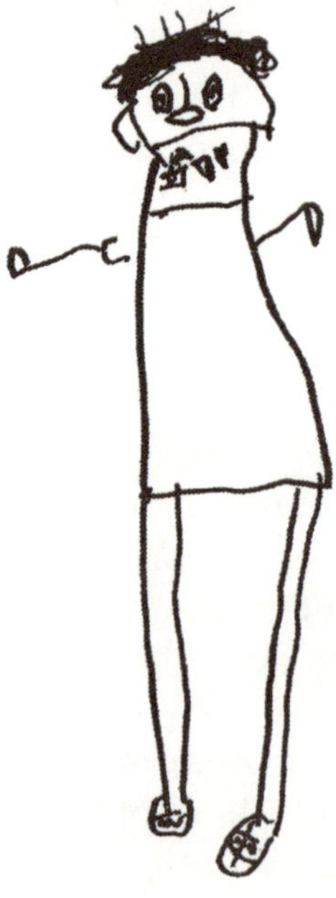

Éric, 7 ans, est aveugle légal, puisque sa vision ne dépasse pas 1/20. Il est tout à fait normal que son bonhomme, qui n'est en fait que la reproduction de son institutrice, ne soit pas évolué comme devrait l'être le dessin d'un enfant de son âge. Éric supplée à cette déficience visuelle « en modifiant sa perception de l'espace, qui est plus tactile et auditive que visuelle ».

Bien que le dessin d'Éric semble être celui d'un handicapé mental, il est loin d'être déficient. Son Q.I. (tests verbaux) est normal pour son âge, mais le dessin ne peut révéler cette normalité, l'enfant souffrant d'un handicap majeur. Par exemple, Éric a représenté dans ce dessin le tablier fleuri de son institutrice à la place du cou : c'est ainsi qu'il la perçoit.

L'atlas visuel est très pauvre et mal accordé à l'atlas tactile. La représentation du monde est différente de ce qu'elle est chez le voyant normal, mais, bien évidemment, elle existe et peut d'ailleurs être plus ou moins riche selon les expériences individuelles.

Un enfant déficient visuel à l'âge de la scolarité primaire a déjà une manière de percevoir, un comportement perceptif d'ensemble marqué par la nature et le degré de gravité de son handicap, mais aussi par la manière dont il a essayé de s'accommoder de ce handicap et de le compenser.

Le dessin du handicapé moteur

Chez l'enfant handicapé moteur en général, comme chez le handicapé moteur de naissance, essentiellement I.M.C. (infirme moteur cérébral), le schéma corporel n'est pas normal, ou plutôt n'est pas normalement acquis. Nous savons que le schéma corporel est, pour simplifier, la représentation que le sujet a de son corps dans l'espace et le temps. C'est un élément fondamental de la perception. Le schéma corporel se constitue par une prise de conscience du corps propre et se structure très tôt, dès l'âge de 5 mois, à travers les nombreuses expériences motrices et perceptives que sont le fait de s'asseoir, de marcher, etc. Or ces expériences ont manqué au jeune I.M.C.

Mais le schéma corporel a aussi un autre aspect. L'image du corps, « le vécu du corps » selon Ajuriaguerra, qui s'établit dans les relations avec le monde extérieur, et notamment avec autrui. Il arrive souvent, mais pas toujours, que cette relation ait été perturbée chez le jeune I.M.C. : privation de la mère, hospitalisation, etc. Cependant, si cette relation est bonne, si l'aspect relationnel est bon, bien vécu, l'enfant acceptera beaucoup mieux son corps, et le dessin de l'enfant handicapé moteur s'en ressentira.

Voici deux cas d'enfants handicapés moteur.

Valérie, 5 ans et demi, est une prématurée I.M.C. qui a de mauvaises relations avec sa mère. Pour corroborer cette mauvaise relation familiale, l'institutrice de Valérie entend souvent la mère de cette enfant poser cette question : « Croyez-vous que l'on devrait laisser vivre les prématurés ? » Dans le dessin du bonhomme de Valérie, il y a une sorte de refus ou d'absence d'unité du corps. Valérie ne se sent pas acceptée par son milieu familial et son dessin s'en ressent.

Dans un premier temps, l'enfant handicapé moteur prend conscience de son handicap. Souvent, cela l'inhibe au point qu'il se refuse à représenter son propre corps et ne se dessine pas. Dans une deuxième phase, l'enfant s'accepte tel qu'il est, pourvu que son entourage noue des relations harmonieuses avec lui. Dans un troisième temps, si cela est possible, l'enfant s'adapte totalement à son infirmité et le dessin ressemble à celui des enfants « normaux ».

Hassna, 5 ans, est victime d'une paralysie périphérique due à la polio. Dans le dessin de « sa famille », elle s'est représentée « flottant », alors que ses parents ont bien les pieds sur terre, et elle est toute disproportionnée par rapport à ses parents, lourds, massifs, envahissants. Elle s'est représentée bien complète, et a accusé l'importance des mains en se faisant des doigts surnuméraires.

Son « bonhomme » a un corps imposant. Ses jambes, en revanche, sont fluettes, dévalorisées (elle est paraplégique) ; elle accentue à outrance les bras, qu'elle multiplie pour marquer leur importance. N'est-ce pas grâce à ses bras qu'elle peut marcher, c'est-à-dire s'appuyer sur des cannes ? Dans la mesure où elle n'est pas bien acceptée par sa famille, elle accuse, comme Valérie, sa mauvaise relation familiale ; elle montre ainsi que, bien que paraplégique, elle peut, grâce à ses bras, vivre comme les autres.

Remarquons par ailleurs, dans ce dessin, l'importance accordée aux yeux, au nez et à la bouche, ainsi qu'aux oreilles. Tous les sens sont valorisés. Hassna met ainsi en évidence la valeur de tous les moyens de communication qui sont à sa disposition.

Ces exemples montrent que le handicap d'un enfant apparaît généralement dans le dessin de façon directe, en accusant le déficit, ou au contraire de façon indirecte, en l'occultant et en accentuant l'organe qui supplée au handicap.

L'interprétation de ces dessins est très délicate. C'est avec prudence qu'il faudra avancer l'hypothèse d'un trouble psychoaffectif. Cependant, lorsqu'un enfant handicapé moteur « force » son handicap dans un dessin, il n'est pas interdit d'évoquer de mauvaises relations avec une personne de son entourage.

Le dessin du handicapé intellectuel

Dans l'atteinte des fonctions cérébrales, la distinction entre causes endogènes et causes exogènes apparaît nettement ; quand les fonctions cérébrales sont atteintes en période de périnatalité, le développement de l'enfant se fait malgré tout sur un mode harmonieux. Au contraire, une atteinte cérébrale acquise au cours de la vie entraîne un développement dysharmonieux de l'enfant, un peu comme s'il ressentait et combattait inconsciemment cette anomalie extérieure au fondement même de sa personnalité.

Cette « conscience » de l'origine exogène du trouble est généralement bien perçue par les éducateurs de ce genre d'enfants. L'éducation des enfants souffrant de troubles exogènes est beaucoup plus difficile que celle des enfants souffrant de troubles endogènes, car elle passe par des phases progressives et régressives que l'enfant peut ressentir avec souffrance.

Au contraire, l'enfant porteur de troubles d'origine endogène a un développement harmonieux, en ce sens que sa progression se fait de façon constante, sans phase combative, chronologiquement, jusqu'à un certain stade qui reste inférieur à celui de l'enfant normal. On a l'impression que la conscience de ces enfants souffrant de troubles endogènes est vierge de questions. C'est peut-être parce que ces enfants ne se posent pas de questions que leur développement se fait sur un mode harmonieux, l'enfant n'ayant pas connu d'« avant ».

Voici deux exemples caractéristiques illustrant cette opposition entre causes exogènes et causes endogènes dans l'atteinte des fonctions mentales : l'enfant psychotique et l'enfant trisomique.

Le dessin de l'enfant psychotique

L'enfant psychotique souffre d'une atteinte de ses fonctions mentales, apparue au cours de son développement, et dont l'origine précise est encore hypothétique. C'est un enfant replié sur lui-même, qui vit dans un monde intérieur qu'il se crée. Sa technique graphique est instinctive, il ne réfléchit pas devant la feuille et suit toujours le même processus. Certains détails graphiques sont caractéristiques : spirales, enchevêtrements de traits en rails, fils ou toiles d'araignée ; les escaliers, les échelles, les barrières sont nombreux. Quand il dessine des objets, ces derniers sont hétéroclites, juxtaposés, sans aucun rapport entre eux, et l'enfant les entoure et les sépare les uns des autres par de nombreux traits, signifiant par là sa sensation de coupure du monde.

Autre caractéristique : il veut « enfermer » son œuvre et la remet souvent emballée dans une autre feuille de papier bien fermée par des agrafes, des ficelles, du papier collant : c'est un cadeau, et aussi un moyen privilégié de communication. Ce qui frappe dans ces dessins, c'est l'atmosphère que l'enfant réussit à créer. Cette dernière peut être sombre, riante ou violente, mais le monde qu'il dessine a un aspect figé. Les traits sont nets, puissants, avec un grand sens de la géométrie et de la stylisation.

Les thèmes sont généralement violents : animaux sauvages, têtes de mort, ruines, inondations, mais sont rarement représentés deux fois de manière semblable.

L'enfant, pour bien montrer que, le dessin terminé, il n'y touchera plus, le barre d'un petit trait oblique ou du mot « fin » en bas de la feuille.

Dessin de Mohamed, 12 ans.

On retrouve une partie de ces caractéristiques graphiques dans le dessin de Mohamed, 12 ans : juxtaposition de détails hétéroclites, fleurs, neige, un cube avec un tire-bouchon, un rouleau à pâtisserie, un gros poisson avec une superposition de petits points. Le trait est net et sans bavure (indice de pathologie).

Le dessin de l'enfant déficient intellectuel

On peut distinguer trois types d'atteinte mentale : idiotie, imbécillité et débilité (profonde ou légère). Dans ce dernier cas seulement les enfants peuvent dessiner.

Ce qui caractérise la débilité, c'est la prédominance des fonctions d'acquisition sur les fonctions d'élaboration, de la pensée pratique et concrète sur la pensée abstraite, de l'égocentrisme sur l'objectivité. Cependant, à niveau égal d'intelligence, les résultats progressifs de l'enfant déficient intellectuel seront fonction de ses capacités d'adaptation et du milieu sociofamilial dans lequel il évolue. Les caractères des acquisitions intellectuelles que nous avons vus se retrouvent dans les dessins de ces enfants.

Il est essentiel de remarquer que le dessin d'un déficient intellectuel qui, par exemple, a atteint le niveau d'un enfant de 6 ans, ne ressemble pas au dessin d'un enfant normal de 6 ans ; dans la débilité endogène, au contraire des troubles mentaux d'origine exogène, il n'y a pas lenteur des acquisitions, mais manques. Ces derniers apparaissent obligatoirement dans la représentation graphique. Cependant, si cette représentation est primitive, elle reste harmonieuse. Par exemple, on peut noter une représentation accrochée au bas de la feuille ; le tracé graphique reste pauvre, les erreurs ne sont pas corrigées, la signification des objets est incomplète ou fausse.

Stéphanea, 12 ans, trisomique, a dessiné une maison. On observe un phénomène de « remplissage » : les fenêtres sont plaquées de chaque côté de la façade, contre le trait du mur. L'enfant, avant 6 ans, ne peut concevoir le vide, aussi remplit-il son dessin le plus possible. Après 6 ans, comme dans le dessin de Stéphanea, de telles fenêtres traduisent plutôt le gros retard intellectuel et spatial de leur auteur. Notons par ailleurs l'aspect répétitif et stéréotypé des fleurs, des arbres, des branches, et la répétition systématique des tuiles, alternances de raies et de points multicolores. Quant à la route, elle est bien tracée, avec un effet de continuité donnée par les cailloux.

Ce dessin, bien que trahissant un gros retard intellectuel, conserve une harmonie assez commune aux débiles profonds endogènes.

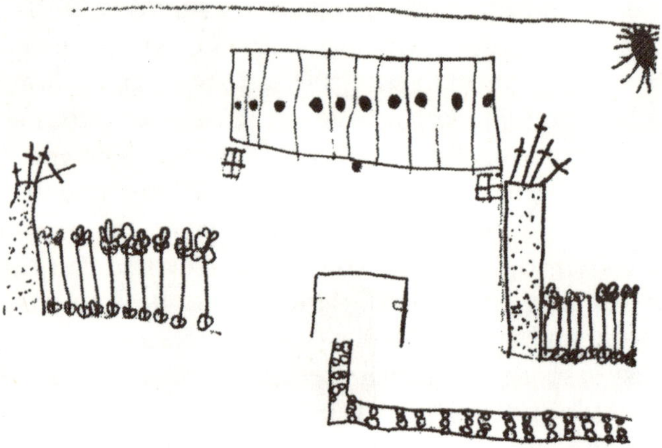

On rapprochera de ces exemples les dessins réalisés par des adultes déficients intellectuels. Ces dessins ont les caractéristiques de dessins d'enfants : aspect primitif, traits simplifiés, utilisation de détails exemplaires, du rabattement, de la transparence. La simple comparaison de l'âge du sujet et de l'aspect du dessin prouve la débilité.

Dans le dessin de Nadine, 25 ans, dont la bonne femme est celle d'une enfant normale de 3 ans, surgissent des détails, notamment sexuels, d'un réalisme frappant : sexe féminin poilu, pénis. La précision coïtale des sexes laisse supposer que le rond inscrit dans la robe de la bonne femme correspond à un embryon et que Nadine a déjà eu une expérience sexuelle.

Dessin de Nadine, 25 ans, déficiente intellectuelle.

Un enfant de 3 ans ne représente pas ses connaissances sexuelles de façon aussi réaliste ; il les « signifie » par la représentation de symboles masculins ou féminins. Même si l'objet sexuel est à sa place réelle, il n'a jamais cet aspect strictement anatomique.

Quand l'enfant se dessine tel qu'il est

Pilar, 12 ans, a été grièvement brûlée à l'âge de 2 ans. Son quotient intellectuel est très bas. Est-ce dû à son milieu socioculturel peu évolué, ou cette débilité n'est-elle qu'une pseudodébilité d'origine affective ?

L'enfant est fortement handicapée par ses brûlures. Elle n'a plus qu'un moignon à la place de la main gauche et est totalement défigurée. Bien acceptée dans une classe traditionnelle, malgré un gros retard, Pilar parvient cependant à s'accepter telle qu'elle est.

Dans le dessin où elle se représente, elle s'est dessinée au crayon noir, avec soin, voire narcissisme : l'accent est mis sur les cils et les sourcils ainsi que sur les yeux, seuls rescapés de ce malheur.

En revanche, elle s'est figuré une peau toute tachetée : ce sont ses brûlures qu'elle représente ainsi. Pilar a aussi représenté ses oreilles, elles aussi sont indemnes, ses cheveux, bref, tous les éléments susceptibles de la valoriser, d'en faire une enfant comme les autres. Il est rare de voir un enfant qui accepte si bien son handicap et s'accepte telle qu'elle est, sans complaisance aucune.

16

LES ENFANTS MALTRAITÉS

La malnutrition

Joël, 7 ans et demi, est très maigre et semble malingre. Je lui demande de dessiner une famille.

Une famille : « Le papa, il est en colère car son nœud de cravate l'étouffe. L'autre monsieur, c'est mon tonton, il a déjà mangé. Mon cousin, il attend à manger, sa sœur est dans la cuisine, elle se tape sur la tête. La maman, elle sort le fromage du frigo. »

Ma famille : Joël refuse de dessiner sa propre famille. Alors il exécute une famille de canards : « Le papa, c'est le chef. » Le premier canard, à droite, est bien le père, suivi de la sœur et du frère, puis de la mère, en queue de file.

Nous savons que, dans les dessins d'enfants, transparaissent désirs conscients et inconscients. Le dessin d'« une famille » est en noir et blanc, tandis que celui de « ma famille » est coloré en jaune et rouge, couleurs très attractives. Le rapprochement des deux familles nous guide dans l'interprétation.

Dans le dessin d'« une famille », tout est centré autour de la nourriture. Il est question de fromage que l'on sort du frigo, du cousin qui attend à manger, de la cuisine.

Quant à « ma famille », représente-t-elle « le canard à l'orange » ou tout autre mets délicieux dont Joël peut rêver ? Sa famille dit de l'enfant qu'il n'a pas faim et qu'il faut sans arrêt le forcer à manger, attitude caractéristique de parents qui cherchent à cacher la réalité. Lors de sa visite dans le bureau, Joël réclamait à manger. L'école maternelle jouxtant notre école, il a été convenu que Joël serait convié à la distribution de lait, en attente d'une prise en charge par les services sociaux.

Abus sexuels

Aurore, 6 ans, reste très en retrait et ne parle pas aux adultes. Quand je lui demande de se dessiner, elle se

représente enfermée dans une bulle toute grillagée. Dans la jupe du personnage, on retrouve les symboles de la sexualité : un oiseau, un cœur, un petit chat.

Aurore livre dans son dessin tout ce qui fait problème, c'est-à-dire tout ce qui est lié à la sexualité. Cette succession d'éléments nous interroge. La fillette est effectivement abusée par son père et ce dessin est un message d'espoir. Le dessin est négligé, le corps disproportionné par rapport à la tête. Les couleurs, rouge et noir, sont symbole d'agressivité. Aurore elle-même n'est pas valorisée, ses mains sont noires. On ne retrouve pas le caractère esthétique des femmes-fleurs *(voir page 191)*.

Parler d'abus sexuel est un diagnostic grave nécessitant un faisceau d'arguments concordants. Les cas, les tests vus précédemment montrent que la maltraitance se basent sur des anomalies très particulières toutes fondées *sur la discordance, l'« énormité » et/ou le manque, et la régression inadaptée*. Mais dans mon expérience, seul le Davido-CHaD (détaillé plus loin) m'a permis de déceler avec plus de certitude le type de maltraitance dont souffrait l'enfant.

Conclusion

COMMENT INTERPRÉTER UN DESSIN

Pour qu'une interprétation soit fondée, il est essentiel de connaître l'enfant qui dessine, ainsi que son contexte socioculturel. Tout interfère. Il est surtout très important d'observer l'enfant qui dessine, de noter ses hésitations, ses difficultés, son attention ou son inattention, les histoires qu'il associe à son dessin, autant d'éléments qui aideront ou orienteront la recherche.

L'interprétation résulte de deux investigations complémentaires : d'une part, l'analyse des divers éléments qui composent le dessin ; d'autre part, la synthèse, qui doit tenir compte des caractères positifs ou négatifs de ces dessins.

La place du dessin dans la feuille est essentielle. Sa signification pourra être déterminée par le schéma de Pulver. Le remplissage ou non de la feuille révélera l'anxiété d'un psychopathe, ou une pauvreté intellectuelle.

Le trait du dessin évoque nettement la personnalité de l'enfant : traits fins, hésitants, de l'inhibé ou du timoré, traits non contrôlés de l'enfant inquiet et agressif. Il faut cependant tenir compte de la santé de l'enfant. Par ailleurs, l'équilibre psychologique se traduira par l'utilisation, non préférentielle, de traits linéaires et courbes ; le doux préfère les courbes, au contraire du réaliste qui, lui, utilise des lignes droites et des angles.

Les couleurs que l'enfant utilise renforcent l'idée évoquée par la graphologie du dessin. L'extraverti préfère le rouge, le jaune, l'orange, et les utilise en association, au contraire de l'introverti, qui se satisfait d'un petit nombre de couleurs, telles que le bleu, le vert ou le gris. La chaleur d'un dessin aux couleurs vives et franches traduit l'équilibre.

Mais, plus que cette infrastructure, ce sont surtout les thèmes et les personnages qui donnent matière à une riche interprétation.

Que les thèmes soient spontanés ou imposés, ils se prêtent à peu près aux mêmes interprétations ; cependant, le test imposé a l'avantage d'être codifié et donc plus aisément interprétable. Ce thème est, le plus souvent, unique ; on utilise surtout les tests de « l'arbre » et de « la maison ». Ils devront être interprétés isolément, en fonction des symboles que nous avons vus, mais leur environnement ne devra pas pour autant être négligé ; en effet, le « sensoriel », notamment, remplit l'environnement de détails divers.

Les personnages reproduits ou inventés par l'enfant apportent de nombreux renseignements sur sa personnalité globale et surtout affective. Leur ordre d'entrée en scène est très souvent révélateur. Le personnage « chéri » (que l'enfant le reconnaisse ou non) est souvent dessiné en premier. C'est parfois celui qui détient l'autorité. Au contraire, l'être « mal-aimé » est bâclé ou absent. Le personnage ajouté est, la plupart du temps, le double de l'auteur, valorisé ou dévalorisé, selon le contexte.

La situation de ces personnages dans la feuille et les uns par rapport aux autres ouvre de larges horizons sur les relations affectives de l'enfant avec sa famille. Nous avons vu les situations complexes entraînées par la résolution œdipienne.

L'aspect individuel du (ou des) personnage est aussi très révélateur de l'affectivité de l'enfant ; il faudra étudier ce personnage dans sa morphologie, ses attitudes, ses attributs, autant de symboles qui ont leur signification.

Cependant, le dessin doit être séparé le moins possible de son contexte et, plutôt que de chercher à accumuler des détails analytiques, il faut en faire la synthèse. Plus que le détail lui-même, il faut retenir l'idée directrice. Cette synthèse a d'autant plus de valeur que l'on est en mesure d'interpréter plusieurs dessins d'un même enfant, au même âge, sur des thèmes différents. On doit y retrouver les mêmes constantes affectives, voire sociales de l'enfant ; en effet, celui-ci se projette toujours dans son dessin, quel qu'en soit le sujet.

Nous aborderons en fin de volume la technique projective que nous avons mise au point, le Davido-CHaD (voir page 235). Elle nécessite quatre dessins et permet d'aborder immédiatement l'ensemble de la personnalité de l'enfant ainsi que ses problèmes affectifs. Surtout, le Davido-CHaD permet de mieux appréhender dans leur globalité des problèmes qui ne « transparaissent » pas toujours dans les dessins d'enfants (et d'adultes).

En effet, l'essentiel de ces analyses projectives ne se situe pas dans la cohérence du passé (l'avant).

EXEMPLES D'INTERPRÉTATION

1

L'ENFANT DESSINE SA FAMILLE

La famille ou le paradis

Cet adorable dessin est l'œuvre d'une fillette de 6 ans qui a représenté « sa famille ». C'est une famille réussie ! La taille des personnages est respectée et harmonieuse ; à chacun sa propre stature.

Les trois enfants ont une taille différente, comme dans la réalité.

L'équilibre de cette fillette est manifeste ; elle observe : les corps sont bien proportionnés, bien articulés ; les yeux sont grands, ouverts sur le monde des réalités.

Il faut aussi noter le dynamisme des personnages : ils se dirigent vers l'avenir (la droite), tout en nous regardant.

Ils ont les pieds sur terre. Or, le dynamisme est très rare dans les dessins d'enfants si jeunes ; ici, il témoigne d'un sens spatial très bien intégré.

Isabelle se sent protégée par sa grande sœur et son petit frère. La grande sœur est en tête, elle prend les initiatives, mais elle se réfère (du coin de l'œil) à l'approbation parentale. En fait, dans ce dessin, il n'y a rien à dire, car il dit tout du premier coup d'œil !

Nathalie, sa sœur et l'autruche

Dans ce dessin de Nathalie, la famille, à première vue, se réduit à un trio charmant. Ils ont tous le sourire.

D'abord est apparu le père, valorisé, mais sans excès : un pantalon à la mode, un nœud papillon, quelques boutons pour agrémenter le tout. C'est bien le chef de famille, admiré par Nathalie, qui a 6 ans et paraît avoir résolu son complexe d'Œdipe.

La mère est apparue ensuite, un peu en retrait, elle aussi valorisée par des détails qui révèlent le grand sens

d'observation de cette fillette : nœud rouge dans les cheveux, chaussures à talons avec des lacets, grands yeux aux cils très « faits » ; la mère est sans aucun doute fort féminine, et la petite fille essaie de l'imiter.

De fait, Nathalie s'est soigneusement dessinée à côté de sa mère. C'est une place de choix, car elle se trouve sur le même plan que le père ; elle est presque aussi grande que sa mère et vêtue de la même façon.

On remarque le narcissisme de la petite fille, traduit par la présence de bras articulés à partir des épaules. C'est elle la mieux dessinée de tous.

Voici donc un trio, apparemment sans problèmes. Pourtant, une surprise nous attend ! En retournant le dessin, on découvre une sœur cachée, et un peu bâclée, il faut l'avouer. Cette sœur de 9 ans est vêtue de rouge ; le dessin traduit l'agressivité de Nathalie envers cette grande sœur qui, elle, n'est plus considérée comme un bébé...

Nathalie a naturellement prétexté le manque de place pour représenter sa sœur au verso de la feuille. Mais on a toujours de vraies raisons d'oublier ce qui ne nous satisfait pas... Parfois, nous jouons nous aussi les autruches !

Et moi, et moi...

Quand on prie Sylvie, 6 ans, de dessiner sa famille sur une feuille 21 × 29,7 cm, elle prend toute la place, se pomponne, se fait belle, les yeux maquillés avec soin, cil par cil, et se représente parée d'un collier, la chevelure joliment coiffée, une belle robe... Au verso, Sylvie a dessiné toute la famille ; mais elle-même s'est placée dans un coin de la feuille, à droite.

La consigne : « Dessine ta famille », a permis à cette petite fille de se mettre en avant, de se valoriser et d'être, pour une fois, la « star » de la famille, elle qui ne semble pas toujours trouver une place de choix dans sa famille !

Le problème de Stephen vu par sa sœur

Dans ce dessin (voir page suivante), il y a deux plans : celui des petits, au premier plan, et celui des grands, au second.

La petite fille à droite, 7 ans, est la cadette d'une famille de trois enfants. Ses aînés sont Jean-Daniel, 12 ans (voir page 213) et Stephen, 9 ans.

Comme le montre le dessin de « la famille » de Stephen, ce dernier a des problèmes : il est agressif à l'égard de son père et de son frère. Se sentant castré et assimilé à sa sœur, il se rebiffe et revendique sa véritable place dans la fratrie, celle du plus grand des deux petits, le frère aîné de la petite sœur. Cette revendication est très bien ressentie par Florence, qui juche son frère sur un cylindre-piédestal.

Les derniers enfants n'ayant qu'une faible différence d'âge, les parents considèrent sans doute qu'il y a un aîné sérieux et raisonnable, Jean-Daniel, suivi des deux petits, « en bloc ».

Florence, tout comme Stephen, ressent ainsi cette situation ; mais, si elle accepte bien d'être assimilée à lui (car elle l'aime beaucoup et ils se tiennent par la taille), en revanche, elle doit le rehausser et le valoriser pour bien montrer que, pour elle, Stephen est son grand frère.

Florence est bien à sa place, le sourire aux lèvres, heureuse de vivre. Les personnages sont très liés ; ils s'enlacent et se touchent. Ces détails témoignent de l'unité de cette famille.

Si l'expression « uni comme les cinq doigts de la main » a un sens, c'est bien ici : la main du père repose sur la jupe de la mère, celle du fils aîné sur le cœur du père, tandis que Stephen touche de sa main droite la jambe de Jean-Daniel et que Florence et Stephen s'enlacent tendrement.

La carence affective parentale : les « enfants morts »

Sylvie, 11 ans, représente, en guise de famille « idéale », des ours mal léchés (comme ses parents, laisse-t-elle entendre !).

Cette famille d'ours est transparente : on voit les jambes du père et de la mère-ours sous leurs vêtements, ce qui laisse présager de mauvaises relations parents-enfants (voir page 73).

Dans le dessin de « sa famille », Sylvie a recours à un procédé rare, que l'on rencontre généralement dans les

dessins d'enfants récemment orphelins et qui, encore sous l'emprise de ce choc, représentent leurs parents décédés dans un cadre. Ils les réduisent à une photographie.

Dans ce dessin, les parents sont au premier plan. La fillette a d'abord dessiné son père, puis sa mère ; ensuite, elle a représenté le cadre où se trouvent deux enfants, elle et son petit frère.

Quant au commentaire, il est intéressant : le père est joueur de football (« ça se voit ») et la mère « somnambule » ! Celle-ci a l'air d'une folle, échevelée, en déshabillé ; les traits de son visage sont fades et mal dessinés. Elle est reliée au « père-footballeur » par la photo d'enfants qui n'existent ni pour elle ni pour lui. Le lien des parents entre eux est donc illusoire, car fondé sur des enfants sans vie.

Dans cette famille, les parents rejettent les enfants, sans doute source de disputes. Sylvie adopte une attitude passive et conciliante, elle répond au désir de ses parents : elle nie sa propre existence. En quelque sorte, elle se suicide. Quant au petit frère, il n'a pas de visage ; il est vide, inconsistant. C'est une apparition fantasmagorique de la mère. Si, pour les parents, les enfants n'existent pas, en revanche, pour Sylvie, ses parents sont de pauvres fantoches qu'elle méprise – et qui lui font aussi un peu pitié.

Les enfants de CM1 dessinent leur famille

Voici quelques dessins d'enfants dont la moyenne d'âge est de 9 ans. Ils représentent leur famille. La place des frères et sœurs est assez remarquable. Leur taille doit être observée avec grand intérêt : elle en dit long sur les sentiments de rivalité qui peuvent sourdre dans les familles.

Si l'enfant livre un peu de son agressivité à l'égard d'un petit frère ou d'une petite sœur, il ne faut surtout pas le lui faire remarquer. Comprendre les enfants à travers leurs dessins, c'est les aider à exprimer leurs problèmes, sans donner l'impression que l'on s'immisce dans leurs secrets. C'est, nous le savons, avec son inconscient que l'enfant dessine ; il entre dans un monde où il lui est possible de tout exprimer, où tout lui est permis. Faire remarquer à l'enfant notre étonnement face à la présence de ses frères et sœurs « dévalorisés » reviendrait à violer son intimité et nous poser, nous adultes, en tant que juges, et ainsi annihiler toute production ultérieure. Quand on peut comprendre une jalousie fraternelle à travers le dessin d'un enfant, une chance nous est donnée de mieux cerner les sources de son anxiété et de lui prouver qu'il est aimé autant que l'autre, en multipliant les occasions de le rassurer et de le conforter dans son désir d'être unique et de rester unique – car chacun d'entre nous n'est-il pas unique ? C'est toute la société qui est décrite.

La famille traditionnelle

Laetitia, 9 ans, nous rend une image réaliste de sa famille. Tout le décor familial est planté, l'oiseau est en cage, papa lit le journal, maman est à côté de son mari, le chien mange sa pâtée et Laetitia jette un coup d'œil sur son petit frère. Cet instantané de la famille est toutefois un peu austère : le père semble vraiment trop absorbé par sa lecture...

La naissance d'un frère ou d'une sœur

Observons quelques dessins d'enfants qui ont tous eu, récemment, à affronter la même situation : la naissance d'un frère ou d'une sœur.

Danielle

Elle a 4 ans et demi et vient d'avoir un petit frère. Lorsqu'on lui demande de se représenter, elle dessine un joli « bonhomme-têtard », mais elle tient à faire figurer aussi son petit frère, sous forme de gribouillis car « il est tout petit ».

Leyla

On peut lire au bas de la feuille, au-dessus du nouveau-né, les deux mots « et bientôt », comme lorsque, au cinéma, on annonce « Bientôt dans cette salle ».

Le petit bébé, en fait, n'est pas encore né. Il existe déjà dans la vie imaginaire des parents, mais aussi dans

l'imaginaire de cette fillette. Le futur bébé, minuscule, est nu comme un ver, et contraste énormément avec les vêtements multicolores des personnages féminins. Peut-on déjà augurer d'une future rivalité fraternelle, dans une famille où l'enfant n'est pas encore né et prend déjà tant de place (graphiquement et dans le discours de l'enfant) ? On peut se demander si cette petite fille n'essaie pas de résoudre « dans l'œuf » le conflit éventuel qu'elle attend, inconsciemment.

Emmanuel et une toute petite sœur

Est-ce parce qu'Emmanuel a une demi-sœur, Charlotte, qu'il la représente si minuscule ? Si toutes les proportions semblent bien respectées, seules celles de la petite sœur ne le sont pas. En admettant même que ce soit un

nouveau-né, elle devrait avoir, au minimum, la taille de la chaussure d'un de ces personnages... Heureusement que Charlotte est protégée par le berceau, sinon on pourrait lui marcher dessus !

Constance et le frère au second plan

Dans la famille de Constance, on distingue au premier rang une famille et trois enfants. Les proportions sont bien respectées, les personnages ont les pieds bien sur terre. Derrière, on découvre le chien et le frère, un peu comme s'ils étaient en apesanteur...

Quand le petit frère roule vers l'arbre...

C'est avec beaucoup de soin que Michel représente sa famille. Chaque personnage est bien campé, les tailles

sont respectées. Apparaît d'abord le père, valorisé par sa moustache. La mère tient le père par la main. C'est bien une famille unie. C'est au tour des enfants d'apparaître : Michel, l'aîné, sa sœur et le troisième enfant, Jean, installé dans une poussette qui semble rouler vers un gros arbre, et personne ne semble s'en soucier... C'est une façon élégante de se débarrasser d'un frère !

Le divorce

Cette situation parentale est une de celles qui marquent le plus l'enfant. Elle constitue la rupture brutale de la cellule familiale où l'enfant était habitué à vivre. Même s'il est parfois préférable pour l'enfant que les parents divorcent, de façon à le soustraire à des scènes de ménage plus ou moins violentes, cette séparation n'en constitue pas moins une rupture dans l'évolution de l'enfant. Cependant, bien souvent, cette situation aboutit pour l'enfant à un moyen terme ; il voit chacun de ses parents et peut éventuellement nouer des relations familiales avec la nouvelle famille créée par chacun des parents.

François

François est un adolescent de 16 ans dont les parents sont divorcés. Il vit toute l'année dans un pensionnat. Son dessin de « la famille » est très révélateur du climat affectif qui est le sien. François a de très mauvais résultats scolaires et apparaît comme un garçon socialement inhibé.

Dans son dessin, sa mère n'a pas un regard très tendre. C'est certainement un œil chargé de reproches que la mère lance en direction du père coupable. Or, ces yeux qui culpabilisent sont verts, comme le pull du père, comme les moufles du fils. Tandis que le père honteux (commentaire de l'enfant) va travailler et tourne le dos à sa femme, le petit garçon reste là, les bras en croix, victime des problèmes conjugaux de ses parents. Le petit garçon n'est autre que François, laissé à l'abandon, éten-

dant des mains jugées coupables (moufles) dans deux directions opposées, sans qu'aucun secours n'arrive.

De plus, François montre qu'il n'a aucune confiance en lui. Il se représente à un âge où l'on ne prend aucune responsabilité. On peut penser que c'est un adolescent déprimé qui regrette « l'âge d'or » où il était un petit garçon sans problème.

François est un « sensoriel », très perturbé par la séparation de ses parents. L'utilisation exclusive de vêtements chauds traduit le dénuement affectif ressenti par cet adolescent.

Papa est parti

Isabelle, 7 ans, est la deuxième d'une fratrie de quatre enfants dont le dernier a quelques mois. Son père vient de quitter le domicile conjugal. Depuis ce départ, Isabelle ne semble pas affectée ; cependant, ses résultats scolaires jusque-là brillants se sont effondrés.

Isabelle réalise un très joli dessin libre, une scène bucolique où se mêlent, dans un cadre harmonieux, fleurs, arbres, prairie, oiseaux et oisillons autour d'une jolie petite maison. Peut-on rêver mieux ? Les couleurs, chatoyantes, s'harmonisent sous un beau ciel bleu, sans nuages...

En regardant plus attentivement, certains détails semblent rompre l'impression de calme et de tendre douceur : un des papillons est coupé en deux, avec une aile jaune et une aile rouge ; la maison est comme refermée sur elle-même, soulignée par les doubles traits des murs et du toit ; le nid des oisillons est en équilibre instable, au faîte de l'arbre ; surtout, l'oiseau bleu (mère des oisillons ?) et les oisillons ont des ailes bordées de noir.

La détresse d'Isabelle est profonde car elle réussit à la fois à donner le change d'une scène bucolique heureuse et à contenir sa détresse. Tout se passe comme si Isabelle mettait toute son énergie dans un travail de deuil, en contenant par des traits noirs ou des doubles traits tout ce qui fait problème. On peut comprendre que sa force de caractère mobilise son énergie pour masquer une blessure profonde et que, pour elle, la réussite scolaire soit devenue secondaire *(voir cahier hors texte, page III).*

Alice au pays des roulottes

L'enfant dont les parents sont divorcés est souvent perplexe quand on lui demande de dessiner sa famille.

Souvent, l'enfant qui dessine deux maisons traduit ainsi le symbole de l'éclatement de la cellule familiale, comme s'il y avait une maison pour le père et une maison pour la mère.

Dans le dessin d'Alice, 7 ans, la maison est symbolisée par une roulotte avec une remorque. Il s'agit d'une maison itinérante, dans un paysage de montagnes reliées par un « câble » téléphérique. Sur chaque montagne verte, on note la présence d'une maison aux couleurs sales et tristes *(voir cahier hors texte, page III).*

Alice se trouve dans un pays étrange où tout est dédoublé, un peu comme si elle tentait de montrer qu'elle a tout en double : deux maisons, deux véhicules, deux parents représentés sous forme de montagnes « qui ne peuvent pas se rencontrer », mais sont reliées par un « fil » et un chemin qui conduit à chaque roulotte... De plus, l'image de la voiture et de la roulotte doivent correspondre à l'impression d'instabilité de cette fillette, qui passe alternativement un week-end chez son père, un week-end chez sa mère, et se trouve à proprement parler « sur les routes ». Peut-être se sent-elle aussi funambule sur le fil qui relie les montagnes.

Dans la roulotte ornée de fleurs, la fillette regarde placidement par la fenêtre, attendant que l'on vienne la chercher.

Les chemins de Marie mènent au zoo

Sur plusieurs séances d'entretiens, Marie, 7 ans, a tenu à dessiner diverses maisons qui représentent une à une le vécu de cette petite fille sportive, qui « ne sait pas lire » et nous a été signalée parce qu'elle « se montre agressive, capable d'envoyer ses livres à la tête de la maîtresse, de se rouler par terre en hurlant... ».

Première séance

Lors de l'entretien, Marie demande si elle peut dessiner une maison. Elle réalise alors la maison de sa mère. En haut, la chambre du bébé. Marie commente : « Avant, j'étais un bébé, c'est normal, je suis plus petite que Franck [son frère]. » Et ajoute : « En haut, la chambre du petit garçon, chambre de jeux. C'est Noël, il fait tomber les Lego. À droite, un trou de souris... » *(voir cahier hors texte, page IV)*.

Puis, Marie prend une deuxième feuille et représente la maison de sa maîtresse, Marie-Claude. Elle la décrit ainsi : « À la fenêtre, une décoration de Noël, chambre de Marie-Claude qui ouvre sa porte, en bas c'est la cuisine. » Marie place un panneau indicateur sur lequel est inscrit : « Marie-Claude » (l'institutrice de l'année passée, qu'elle

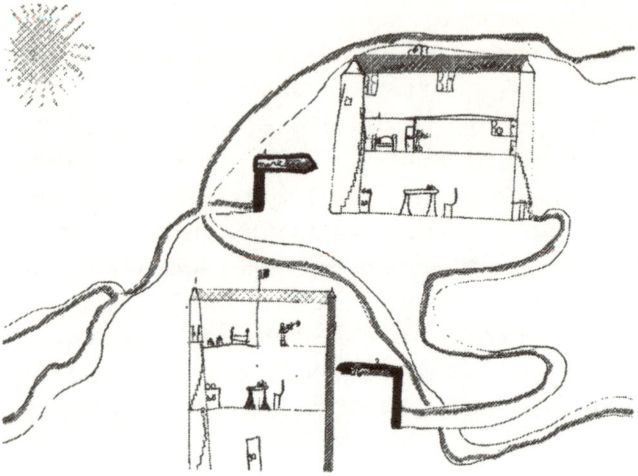

appréciait beaucoup). Elle reprend le premier dessin et, au-dessus de la maison, fait passer une route qui se poursuit sur la deuxième feuille. Elle ose enfin représenter ce qui la préoccupe : elle dessine la maison d'Alain. Sur le panneau indicateur, une inscription : « Alain ». Marie le présente ainsi : « En haut, Alain fait des haltères ; il y a la chambre de sa fille Éveline, avec ses polypockets. »

Deuxième séance

Marie prend soin de relier les chemins des deux feuilles précédentes à cette troisième feuille. À droite, elle dessine « la maison de maman, suite... En bas le grenier avec un sommier et des livres. La chambre de maman est à côté de celle du bébé (c'est Franck). Moi, je suis dans le ventre de maman... »

À gauche de la feuille, Marie représente la maison de Paul : « En haut, la chambre de Paul, il est tout seul... »

Marie prend une autre feuille et relie de nouveau les routes. Elle place comme d'habitude un panneau indicateur et explique que c'est « la maison de Franck [son frère] et Marie [elle-même] ». « Dans la cuisine, c'est Franck ; en

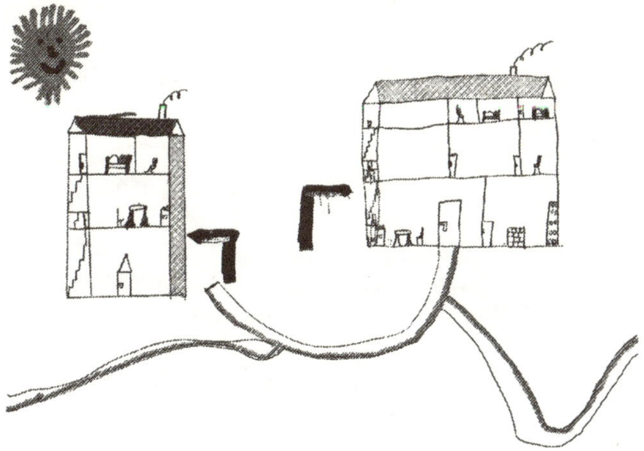

haut la chambre de Franck, en bas la chambre de Marie. Tout en bas, la cave avec les livres ; en haut, Marie avec les Lego... » Si Marie parle à plusieurs reprises de la cuisine, c'est sans doute parce que sa mère travaille et rentre parfois tard le soir. C'est alors le grand frère qui s'occupe des repas – d'où la présence du micro-onde, minutieusement représenté.

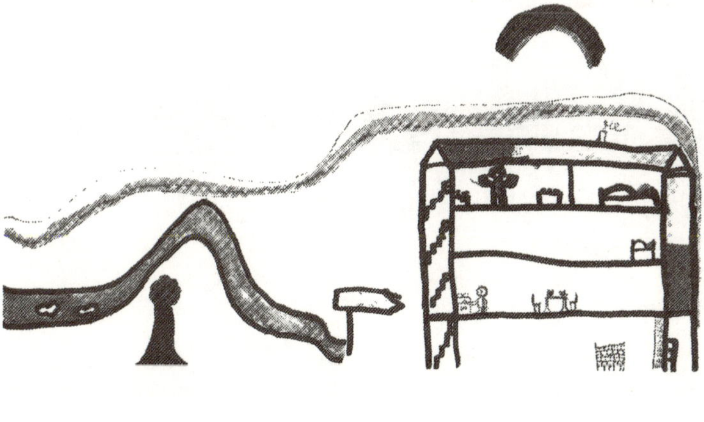

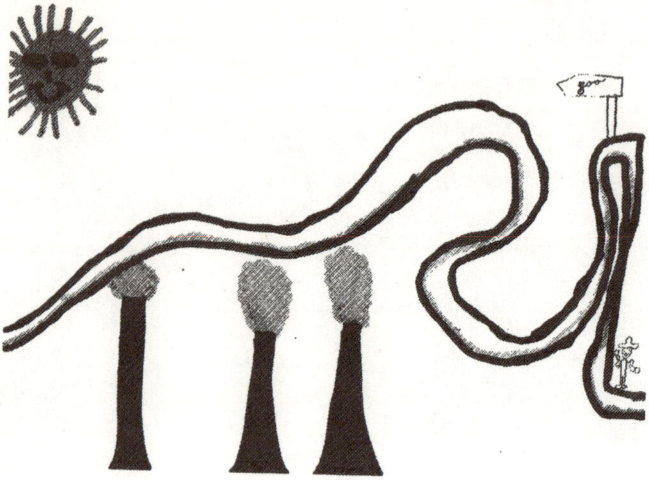

Dessins de Marie (troisième séance).

Troisième séance

Une longue route mène au dernier dessin : le zoo. Marie commente ainsi son dessin : « Un bonhomme dit : "Halte !" Il y a deux alarmes. Il y a un serpent. Le serpent est très méchant... »

Interprétation

Cette série de six dessins a aidé Marie à exprimer ses angoisses, qui ont plusieurs sources : les parents de Marie ont divorcé quand elle avait 3 ans. Son frère, Franck, est âgé de 10 ans. Depuis son divorce, la mère de Marie a vécu avec trois hommes (officiellement) : Alain, Paul et enfin Olivier, que Marie apprécie beaucoup ; elle aimerait bien qu'il n'y en ait plus d'autres, d'où les menaces apparues lors de la dernière séance : « Un bonhomme dit : "Halte !" Il y a un serpent. Le serpent est très méchant... » Cette dernière scène se passe à l'entrée du zoo, qui pourrait représenter l'endroit où les mauvais instincts sont contrôlés, les animaux sauvages mis en cage, un peu comme si Marie avait trouvé une place autorisée pour se laisser aller à sa sexualité avec ce troisième compagnon « officiellement » accepté par l'enfant.

Entre l'existence de Paul et d'Olivier, on retrouve la maison de Marie et de son frère. La chambre de Marie est « en bas, tout en bas la cave avec les livres... ». Dans cette description, Marie tente d'exprimer sa peur de grandir et d'apprendre. En effet, les livres sont dans la cave ; on peut se demander avec Marcel Rufo « si l'inconscient n'est pas structuré comme une maison ». Cet auteur ajoute : « La cave, c'est le vin, mais c'est plus le noir, ça fait peur et c'est enterré. » Tandis que « le grenier est un endroit sublime où l'on retrouve de "vieux trucs" dont on ne se sert plus, mais qui ont servi aux générations précédentes... ». Les livres sont donc à la cave, enterrés ; toute projection dans l'avenir est annihilée, lire n'a donc pas de sens, c'est synonyme de « noir ».

Dans cette série de dessins, tous les chemins ont un sens et sont reliés, mais que d'obstacles pour parvenir aux derniers dessins du chemin qui mène au zoo ! Il a fallu suivre les nombreux panneaux indicateurs qui nous renvoyaient dans les maisons des « hommes de la vie de sa mère », faire un détour par l'état des lieux. Ces chemins témoignent d'une pseudo-vie sociale, et c'est Marie qui va donner du sens à cette succession d'événements familiaux qu'elle n'a pas eu le temps d'intégrer ; c'est pourquoi elle retrace son histoire : la première maison où Marie n'est qu'un bébé dans le ventre de sa mère, c'est-à-dire qu'elle ne vit pas "en vrai" ». Ce dessin révèle la dépression de Marie, qui aurait préféré, sans doute, ne pas exister.

Puis, c'est la représentation de la maison de la maîtresse, Marie-Claude. C'est une maison sociale, qui introduit la suite, c'est-à-dire la maison d'Alain. Ce qu'elle traduit là, c'est qu'Alain était très occupé et que chacun vaquait à ses occupations, le père aux haltères, sa fille à ses poupées. Et l'on reprend la route, pour arriver à « la maison de maman, suite », et l'on constate que Marie n'est toujours pas née, elle est toujours dans "le ventre de maman" ». L'évocation du grenier nous renvoie au capharnaüm dans lequel Marie a l'impression de vivre chez elle ; pour justifier les assemblages hétéroclites, elle situe la scène avec sa mère au grenier, symbole de bric-à-brac.

De la maison pseudo-sociale, habitée de personnages, on arrive à une maison qui ressemble beaucoup à une prison. C'est le zoo. Toutes ces barrières se révèlent être des protections pour Marie, qui ne veut plus se frayer un chemin tracé par une mère changeante...

Franck et la fêlure familiale

Franck est un enfant de 9 ans qui divise sa feuille en deux. D'un côté, il dessine la mère, qui porte la culotte, et les enfants ; de l'autre, le père, de petite taille, le chat et les poissons. Franck prend soin de signer de son nom, à la jointure des lignes de séparation.

Ce dessin nous montre la perplexité de Franck, qui semble ne pas savoir s'il s'agit de la famille maternelle ou paternelle.

« La famille » et les jumeaux

David et Olivier sont de vrais frères jumeaux de 5 ans. Nombreux sont ceux qui les confondent.

Leurs dessins, en revanche, montrent deux visions du monde et de leur famille totalement opposées.

Le test du « bonhomme » donne des résultats déjà très intéressants. Le problème de chaque enfant apparaît.

Pour David, le bonhomme se présente d'abord sous les traits d'« une femme qui a la jambe cassée et à qui il manque un bras ». Puis il dessine une maison qui est en fait « l'hôpital » d'où sort cette femme. Enfin apparaît un bonhomme, un policier, dont le serpent pique la dame.

Il y a dans ce dessin une dévalorisation systématique de la femme ; même la maison, symbole féminin, est dévalorisée, transformée en maison fort peu accueillante : l'hôpital.

La place du serpent, symbole sexuel, est elle aussi révélatrice. Il est représenté tel un sexe en érection. C'est donc le bonhomme qui est tout-puissant, tandis que sur la femme s'abattent tous les malheurs.

Cette dévalorisation de la femme est en fait une dévalorisation de la mère de David, qui réapparaît dans tous les dessins, y compris ceux de « la famille ».

Quant à Olivier, c'est avec beaucoup de mal que je réussis à lui faire dessiner un bonhomme. Dans un premier temps, il préfère dessiner une maison, avec soin ; mais le bonhomme est bâclé.

Avant d'entamer son bonhomme, Olivier me demande de nouveau s'il peut représenter une dame. Je ne lui réponds pas, d'où l'aspect asexué du bonhomme, qui pourrait très bien être une dame. Toutefois, selon l'enfant, il s'agit bien d'un bonhomme.

Ce bonhomme est représenté de manière malhabile, sans soin, alors que la maison, elle, est pimpante, de différentes couleurs, dont la superposition pourrait révéler certaines relations conflictuelles avec la famille.

David a dévalorisé la maison, symbole maternel. Pour Olivier, au contraire, c'est ce symbole maternel qui retient toute son attention.

Ces dessins montrent que deux enfants de même âge, jumeaux de surcroît, élevés ensemble dans le même foyer, peuvent évoluer tout à fait différemment, contrairement aux idées reçues...

Ce n'est qu'en continuant à observer ces enfants que l'on pourra dire si l'attachement quasi exclusif de l'enfant pour un de ses parents deviendra réellement pathologique.

La famille de têtards

Shoreh a 3 ans et demi. Elle admire Samuel, son grand frère. C'est avec un réel plaisir qu'elle dessine « sa famille ». Elle représente d'abord son père, puis sa mère, ensuite son frère sous son père, enfin elle-même sous sa mère. Seul élément de différenciation sexuelle : les cheveux. Shoreh commente son dessin : « Les cheveux de maman et les miens bougent. Mon frère et mon papa ont les cheveux courts, on voit leurs oreilles... C'est ma famille qui se promène à la campagne chez Franca (sa grand-mère). »

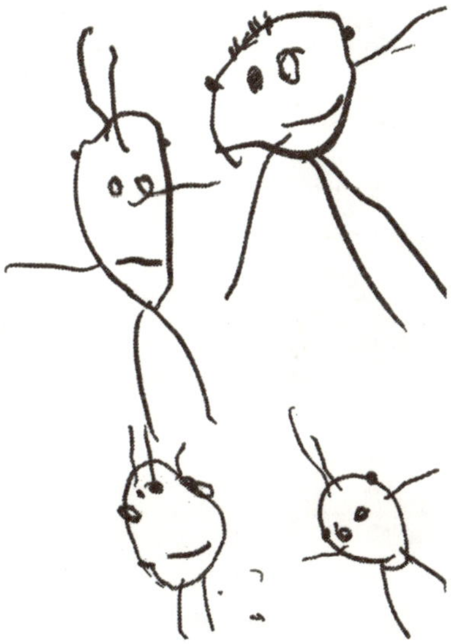

C'est une famille très bien structurée. Les proportions des personnages sont respectées, ce qui est remarquable à cet âge, signe d'un très bon équilibre. Tous les personnages possèdent des oreilles et une bouche pour bien communiquer.

Scènes de ménage dans « la famille »

Dans le test « Dessine une famille », l'enfant laisse libre cours à son imagination. Ne se sentant pas concerné, il dessine ce qui lui vient naturellement à l'esprit. La censure n'existe presque plus. Et ce n'est qu'en rapprochant « une famille » de « sa famille » que le psychologue pourra mettre en évidence les préoccupations de l'enfant.

Si Françoise, 11 ans, exprime dans son dessin la jalousie conjugale de son père, Dominique, 8 ans et demi, révèle l'agressivité du mari grincheux qu'est son père.

Dans le dessin de Françoise, il y a trois personnages et un chien. Ce sont les bulles qui sortent de la bouche du père et de la mère qui sont les plus révélatrices : le père questionne la mère, qui a « tourné » les talons.

La mère est valorisée, habillée avec soin. Sa jupe est festonnée, sa coiffure soignée, ses deux pieds bien posés sur le sol, alors que le père, personnage falot, ne tient pas très bien sur ses deux jambes ; il est dévalorisé, dans la mesure où son visage est représenté avec des traits semblables à ceux des personnages féminins. En troisième position, sur un autre plan, apparaît la fille, tenant un chien en laisse.

Le fait même qu'elle se situe en retrait est important : elle dédramatise la situation et propose d'accompagner sa mère.

La mère de Françoise, très jolie femme, suit des cours du soir. Le père est un ouvrier émigré qui a beaucoup de mal à s'exprimer.

La mère a eu une aventure avec son chef de service ; c'est sans doute la raison pour laquelle la bulle du père est interrogative. De plus, le père regarde fixement la mère, alors que cette dernière répond « faire quelques courses », les yeux dans le vague.

Françoise a extériorisé la jalousie du mari soupçonneux. Elle ressent fortement le côté volage de sa mère et tente d'y apporter une solution en espérant lui servir de chaperon, le chien devenant alors chien de garde...

Les relations conflictuelles existant entre les parents sont très souvent ressenties par les enfants de façon plus ou moins humoristique, de façon à camoufler la réalité angoissante.

Dans la famille de Dominique, 8 ans et demi, il est aussi question de scènes de ménage. C'est encore une fois une famille « à bulles ». L'enfant a choisi de faire parler ses

personnages de manière humoristique, comme ceux d'une bande dessinée.

Dominique dit qu'elle a voulu représenter « un père qui appelle sa femme qui a cassé des assiettes, tandis que les enfants sont couchés... ». Cet aveu est une aide précieuse pour l'interprétation de ce dessin : on pourrait imaginer qu'il ne s'agit que d'un couple ; en réalité, ce sont les parents qui entrent en scène. Pour eux, les enfants sont inexistants, et ils profitent de leur absence pour régler leurs comptes, entre adultes. L'aspect noirâtre du père traduit l'anxiété de l'enfant, qui a dessiné un père tout-puissant, valorisé par le chapeau et sexué de manière fort appuyée : la braguette est lourdement accusée. Il faut noter la présence des deux poches, elles aussi valorisantes, ainsi que la main droite bien dessinée, avec le doigt mettant en évidence le cœur du problème : la vaisselle cassée, occasion pour le père de témoigner de son rôle de chef auquel on doit rendre des comptes, tandis que la mère arrive les mains dans les poches, dessinée d'un trait beaucoup plus hésitant que le père, mais ne renonçant pas à jouer la sainte nitouche, d'un air totalement innocent.

En fait, la famille de Dominique ressemble fortement à celle de ce dessin : le père et la mère se font perpétuellement des scènes, à la nuance près qu'elles ont généralement lieu devant les enfants, Dominique et son frère. Dans le dessin, ceux-ci sont « couchés », c'est-à-dire tels que Dominique voudrait qu'ils soient : hors de portée des cris et des disputes.

Pour Dominique, le père, bien que grincheux, n'a pas toujours le dernier mot avec sa mère qui, il est vrai, est plutôt rouée : l'atmosphère est parfois si tendue à la maison que cette petite fille sort de chez elle en claquant la porte pour aller se réfugier chez des voisins.

Si la présence parentale est importante pour les enfants, il arrive que l'on soit parfois amené à préconiser leur séparation pour que l'enfant s'épanouisse loin des bris de vaisselle ou des vociférations injurieuses.

Ces deux cas – Françoise et Dominique – sont des plus communs. Il existe cependant des cas beaucoup plus sérieux, où l'enfant est incapable de prendre la distance nécessaire et perd en quelque sorte son sens de l'humour. Apparaissent alors en filigrane la peur, l'incommunicabilité. Les dessins des personnages deviennent grisâtres, accusant le vide affectif de certains foyers.

Le parent malade ou le masque

Jean est un garçon de 9 ans dont le père a un lourd passé psychiatrique. Jean vit avec ses parents. Il a une sœur âgée de 1 an dont le cancer est en rémission.

On peut comprendre que Jean ait souvent l'air dans la lune. C'est un enfant très attaché à son père, auquel il ressemble beaucoup physiquement.

Jean dessine beaucoup de monstres qui semblent sortis tout droit des jeux vidéo ou des écrans de cinéma, quoiqu'il s'en défende. Si l'on regarde son monstre avec un peu plus d'attention, on reconnaît un bonhomme revêtu d'une sorte d'armure ; au-dessus du masque, des

traits concentriques avec des petits points auxquels sont reliés les fils d'une araignée.

C'est Jean lui-même qui se terre derrière cette carapace. Il se sent vulnérable et craint que l'araignée, par le jeu subtil du fil, puisse atteindre un jour son cerveau.

Derrière ce dessin de monstre, pourtant si banal, se cache en réalité la hantise de la maladie mentale.

Bien qu'il s'agisse d'un dessin libre, on peut émettre l'hypothèse que Jean s'est représenté lui-même, comme s'il ne voulait pas se représenter en tant qu'être humain, de crainte de trop ressembler à ce père tant aimé et haï à la fois pour l'ambivalence des sentiments qu'il inspire.

2

DESSIN ET SEXUALITÉ

L'Œdipe ou les femmes-fleurs

Marlène, 7 ans, a « sexué » ses personnages d'une manière ingénue et charmante. Pour elle, la fleur est un mot aux sens multiples.

Dans son dessin de « sa famille », elle a représenté les personnages féminins en jupe maxi, fleurie à la naissance des cuisses. On imagine très bien que cette fleur est au niveau du sexe de ces personnages.

Ces fleurs peuvent être considérées d'une part comme symboles de la féminité, et d'autre part comme symboles sexuels.

La poésie, la chanson anciennes ne laissent aucune ambiguïté sur la symbolique de la fleur. Ainsi dans cette chanson du XVIIe siècle, *Sur le bord de la Seine*. Une jeune fille éplorée chante ses regrets car son ami Pierre l'a quittée. Elle en donne elle-même la raison :

C'est de mon ami Pierre
Qui s'en est en allé,
Je ne lui ai fait chose
Qui ait pu le fâcher
Hors un bouquet de roses
Que je lui refusai...

Ces vers laissent peu d'équivoque sur la nature du bouquet ! La fleur a un sens très précis. On pourrait même parler d'archétype, au même titre que l'eau ou la lune. Dans le vocabulaire courant, n'emploie-t-on pas ce terme imagé qu'est « déflorer » ?

La fleur est le symbole de la femme, dans ce qu'elle a de plus délicat et de plus fragile, mais la fleur représente aussi la femme sexuée, celle qui enfante.

Il n'y a pas si longtemps, les manuels d'éducation sexuelle abordaient la fécondation de la femme par une série de comparaisons botaniques. Très souvent, les parents, pour parler du sexe de leur fille, ont recours à certaines métaphores, la plus fréquente étant celle de la marguerite !

Quant aux mâles de cette famille, ils sont vêtus de pantalons fuseaux ; leurs jambes sont gainées dans des formes pointues. Or, nous avons remarqué que le sens phallique peut s'attribuer à tout ce qui est pointu ou aiguisé. Ces jambes phalliques sont les symboles sexuels de ces personnages masculins : elles sont le complément des fleurs, leurs feuilles en quelque sorte.

Les problèmes sexuels préoccupent certainement cette fillette, qui ne doit pas avoir bien résolu son complexe d'Œdipe.

Le premier personnage apparu sur la feuille est la mère, ce qui témoigne du grand intérêt qui lui est porté. Puis viennent les frères (9 et 12 ans), la grande sœur (17 ans), Marlène elle-même, et enfin son père.

Marlène se représente dans une tenue inversement semblable à celle de la mère : la mère a une jupe verte, un corsage rose ; Marlène a une jupe rose et un corsage vert.

Cette fillette recherche sans doute une identification avec sa mère, elle doit chercher à lui ressembler le plus possible pour séduire son père, qu'elle relègue au dernier rang.

Le père est revêtu d'un gilet rose comme le corsage de la mère et d'un pantalon vert comme sa jupe, reflet probable de l'harmonie qui règne entre ses parents – peut-être ne font-ils rien pour dissimuler leur entente physique. On peut se demander si les préoccupations sexuelles de Marlène ne proviennent pas d'une intimité mal contenue de la part des parents.

Nombreux sont les psychanalystes qui attribuent certaines déviations sexuelles au fait que l'enfant a assisté aux ébats amoureux de ses parents. La frigidité et l'impuissance sont souvent le lot de ceux qui, étant petits, ont souffert d'une trop grande promiscuité avec leurs parents.

À première vue, le père peut sembler dévalorisé ; il est situé au fond, tout petit. En fait, Marlène ne tenait pas à le dessiner. Se sentant obligée de le faire figurer, elle lui a fait des jambes courtes, escamotant ainsi les attributs virils du père, c'est-à-dire ses deux jambes phalliques. Le père est castré ; il est plus petit que ses fils, c'est-à-dire inoffensif.

Le père de Marlène lui pose tant de problèmes et l'émeut au point que son thorax et son abdomen sont transparents. Cette régression est naturellement d'origine affective.

Ce père, tout modèle réduit qu'il est, n'en revêt pas moins une grande importance dans le cœur de Marlène. Cela peut paraître paradoxal, mais cette pseudo-dévalorisation doit être considérée comme l'expression de l'amour, jugé coupable, que la fillette ressent à l'égard de son père. C'est pourquoi elle tente, inconsciemment, de minimiser son rôle. Mais la situation du père près de

Marlène est assez éloquente pour révéler la place qu'il tient dans la vie de cette petite fille.

L'identification à la mère est pour Marlène l'unique moyen à sa portée d'exister aux yeux de son père, ce qui montre bien que la fillette n'a pas encore résolu son complexe d'Œdipe. Or, cette identification n'est valable, pense-t-elle, que si elle peut ressembler à sa rivale, en l'imitant sur tous les plans : physique, moral, intellectuel et sexuel. Aussi se pare-t-elle d'une fleur semblable à celle de sa mère.

La sœur aînée de 17 ans est elle aussi fleurie, mais, pour Marlène, cette grande sœur est une adulte qui a déjà dû être initiée aux mystères du monde, des grandes personnes. Cette sœur aînée est elle aussi enviée : Marlène s'est représentée dans une position semblable à la sienne, niant ainsi la différence d'âge.

Pour Marlène, sa mère est un être épanoui ; elle plaît à son mari, d'où la présence de cette marguerite bien ouverte. C'est la fleur éclose au soleil. Quant au sac que porte la mère, il représente la maternité bien acceptée de celle-ci. Nous savons que les formes creuses sont des symboles féminins, le plus souvent de l'utérus.

La marguerite de la mère est donc épanouie ; celle de la sœur aînée est un peu effeuillée. Quant à Marlène, c'est une fleur en bouton. Symboliquement, subrepticement, c'est toute la représentation fantasmatique de la sexualité des grandes personnes qui nous est livrée dans ce dessin.

Quelques mois plus tard, on demande à Marlène de dessiner de nouveau sa famille. Cette fois, c'est le père qui apparaît en premier, puis la mère et trois enfants, Marlène n'ayant pas la place de se représenter elle-même !

Ne pas avoir la place de se représenter, c'est en quelque sorte se censurer. Or, dans le premier dessin, c'est le père qui a failli être oublié. Ce qui confirme l'hypothèse du complexe d'Œdipe mal résolu. Quand le père est représenté à côté de la mère, Marlène ne s'octroie pas le droit de figurer avec eux ; elle craint de les troubler. C'est pourquoi la fillette préfère disparaître, éliminant ainsi toute trace de l'amour coupable, perturbateur.

Patrick ou le petit oiseau

Patrick, 7 ans, représente sa famille. Chaque personnage tient un panneau qui le désigne. Le père et la mère portent sur leur tête une cage, avec deux oiseaux pour le père, un oiseau pour la mère. Seul Patrick est coiffé d'un oiseau sans cage. En fait, ce dessin est une manifestation symbolique ; la mère de Patrick dit toujours à son fils : « Cache ton petit oiseau... » Le dessin de la famille permet à l'enfant de ne plus cacher son « petit oiseau... »

3

DESSIN ET VIOLENCE

Le cas d'un enfant ayant assisté au meurtre de sa mère

K. est une fillette de 7 ans qui, à l'âge de 3 ans, a vu se dérouler sous ses yeux un horrible drame familial.

La mère de K. avait un amant avec lequel elle voulait rompre. Le sachant prêt à tout, elle a emmené ses trois jeunes enfants avec elle, pensant que, devant eux, l'amant jaloux n'oserait pas exécuter ses menaces. Optimisme démesuré : l'amant l'a tuée sous les yeux de ses enfants, avant de se donner la mort. Les enfants, dont l'aîné avait 6 ans, sont restés vingt-quatre heures avec les deux cadavres.

K., traumatisée, est devenue mutique ; elle s'est repliée sur elle-même. Grâce à l'intelligence et à la compréhension de l'institutrice du cours préparatoire, K. a pu trouver un climat de confiance dans lequel elle a su s'exprimer par le dessin. Son père s'est remarié et, apparemment, K. connaît maintenant avec ses deux frères aînés une vie paisible dans un foyer « normalisé », fait confirmé par un tout récent dessin de la famille qui témoigne de la bonne réinsertion de l'enfant.

Les fantômes jaunes

Dans le premier dessin, qui date de l'année précédente, c'est-à-dire quand K. n'avait que 6 ans, les réminiscences traumatiques sont nombreuses.

Du côté gauche, les trois enfants qui se donnent la main, reliés à deux corps aux contours mal définis, aux corps dysharmonieux et inachevés, fantômes dont l'air triste contraste avec le sourire des enfants. Tout à gauche se trouve l'aîné, qui a tout vu et sans doute mieux compris que les autres, puisque K. lui dessine de grandes oreilles et une sorte de hibou sur la tête, comme si les yeux du hibou venaient renforcer ses propres yeux. On peut aussi noter la transparence, considérée comme normale à l'âge de K., mais qui, dans son cas, peut témoigner d'un trouble de l'affectivité, auquel vient s'ajouter la tête énorme du frère aîné, élément qui vient confirmer que, pour K., son frère avait l'âge de réaliser l'ampleur du drame.

Quant à K., elle s'est placée entre ses deux frères aînés, comme protégée par leur présence ; avec de gros yeux ronds tout rouges, elle aussi a tout vu.

Les couleurs jouent ici un rôle très important : elles vont du jaune (fantômes, frère) au violet (couleur de K.) en passant par le bleu (pantalon du frère cadet). Le violet, nous l'avons vu, est considéré comme une teinte régressive et est rarement utilisé par les petits. Il signifie l'inquiétude. Il s'associe ici au bleu et précise une certaine anxiété, tandis que le jaune domine et traduit une mauvaise adaptation familiale et les conflits divers et précis de K. Le dynamisme des personnages témoigne de l'intelligence de cette enfant et, bien qu'elle soit très traumatisée par la scène vécue trois ans auparavant, on peut déceler, dans le fait qu'elle ait accepté de dessiner « sa famille », un progrès vers l'apaisement des traumatismes psychologiques subis : mutisme, repliement sur soi, manque de confiance en elle, etc.

Grâce à beaucoup de compréhension familiale et scolaire, K. a évolué vers une amélioration sensible qui nous est livrée par le second dessin de sa famille exécuté un an après l'autre.

« Toute la famille »

C'est ainsi que K. a choisi de l'intituler. C'est en fait une nouvelle famille que K., qui a maintenant 7 ans, a dessinée. Ce qui frappe dans ce dessin, c'est la couleur rouge, très présente, qui pourrait traduire une certaine agressivité, refoulée par le fait que tous les yeux sont fermés.

Quant aux visages, ils sont représentés de profil, à part celui du frère cadet (les visages de profil peuvent témoigner d'un caractère asocial).

D'abord apparaissent les parents, puis l'auteur, son frère aîné, et enfin son frère cadet.

Deuxième élément frappant : la forme de la bouche-trait, commune à tous les personnages, et qui tendrait à démontrer que l'on a fermé les yeux et la bouche sur le passé.

Si les personnages ont l'air renfermé, en revanche il faut noter que K. retrouve peu à peu un comportement normal. Son dessin prouve toutefois que son drame, bien qu'atténué, est toujours ressenti inconsciemment.

La « mère » de ce dessin est donc la belle-mère de K. Elle semble bien acceptée. Cependant, le vêtement rouge superposé à la robe de la mère peut être considéré comme un déguisement, un maquillage de la réalité. K. ferait réapparaître un vêtement rouge (sang) ayant appartenu à sa mère. Il faut aussi remarquer l'embryon de tête (rouge lui aussi) qui se trouve sur la jupe de la belle-mère, à l'endroit où généralement l'enfant place les symboles sexuels : le pas est rapidement franchi entre la représentation de cet embryon de tête qui pourrait être celui de la véritable mère assassinée et l'association sexuelle que K. a pu formuler ainsi.

Conclusion

K. n'a jamais parlé à quiconque du drame dont elle a été le témoin direct, et c'est à travers ses dessins que l'on peut en déceler les séquelles. Le second dessin est moins pathologique et moins conflictuel que le premier. Si K. tend à devenir plus sociable et communicative en milieu scolaire, on peut se demander si, en famille, elle a véritablement réussi à contenir une certaine agressivité contre sa belle-mère, en lui juxtaposant le corps morcelé de sa mère.

L'enfant battu

Jeannot, 9 ans, est le dernier d'une famille de dix enfants. Le père, alcoolique, est en coma éthylique à l'hôpital, après avoir tenté de mettre fin à ses jours. La mère a fait de la prison pour vol.

Les résultats scolaires de Jeannot sont désastreux. Il a été placé dans une classe spéciale pour déficients intellectuels. Il se bute à la première occasion et pose des problèmes de communication à son institutrice. De plus, Jeannot a un visage ingrat : sa mâchoire inférieure est proéminente.

La situation familiale de Jeannot semble être à l'origine de son inadaptation – ce que nous allons vérifier à l'aide du test de « la famille ». Jeannot n'étant pas très bavard, le dessin nous en apprendra sans doute plus qu'un long discours.

Quand Jeannot dessine une famille

La famille a rétréci. En particulier, on note l'absence de sœur. On pourrait presque dire que ce sont les relations entre hommes qui priment ici. C'est sans doute un phénomène de compensation : dans la mesure où Jeannot est le préféré de sa mère, il n'a que peu de rapports avec son père. En outre, Jeannot vit avec une majorité de filles, deux de ses frères étant placés et deux autres ne vivant plus sous le toit familial.

Chacun des fils représentés sur le dessin a sa personnalité propre : l'un est en rouge, l'autre en vert, et le petit est vêtu en vert et bleu. Quant au père, lui aussi est bicolore ; le noir et le rouge sont des couleurs qui traduisent d'une part l'agressivité, d'autre part l'anxiété (surtout le noir) de Jeannot à l'égard de son père. Celui-ci a d'ailleurs des mains relativement importantes par rapport aux autres personnages.

Lorsque je demande à Jeannot de me dire qui il est sur ce dessin, il me dit être le fils en rouge, parce qu'il est fort et qu'il peut « taper ». Le « fils Jeannot », avec ses doigts entourés de rouge, serait en mesure de se défendre. Jeannot a également ajouté qu'il préférerait être grand, car les petits se font toujours « taper ».

Un élément pourrait confirmer l'hypothèse que le fils se défend contre le père : lorsque je demande à Jeannot quel est le personnage le moins gentil sur le dessin, il me répond : « Le père, parce qu'il tape. » Ce père a les mains bleues, comme celles du grand fils Jeannot, comme la chemise du grand frère (qui, lui, est sans doute Jeannot, que notre sujet se défend d'être) ; les cheveux de la mère, eux aussi, sont bleus.

Y a-t-il un rapport entre les doigts du père, la chemise du fils et les cheveux de la mère ? C'est possible : le père doit taper le petit, puis la mère, mais cette dernière se défend bien...

La mère est petite, aussi petite que le fils en bleu et vert, mais elle n'est pas sans défense, comme on pourrait le penser : ses jambes épaisses ne sont-elles pas moulées dans un pantalon ? La mère porterait donc la culotte... Et ses mains, elles aussi, sont très importantes, presque aussi importantes que celles du père.

Les mains ont une grande importance pour Jeannot : elles sont synonymes de battre et de « taper ». C'est à se demander si les mains du père ne déteignent pas sur le dos du fils. La mère est vêtue de noir, comme en deuil : Jeannot n'a-t-il pas failli perdre son père récemment ?

Le fils en vert est le seul qui n'ait pas de mains. Malgré tout l'accoutrement qui le valorise – chapeau phallique, boutons, ceinturon –, il reste incapable de se défendre, et c'est sans doute pour cette raison que le petit frère est

vêtu de vert. Le vert, pour Jeannot, semble être synonyme de « sans défense ».

Ce frère en vert s'interpose entre le fils Jeannot, agressif, et le père ; il est en quelque sorte l'image du surmoi. Bien que les deux grands fils soient représentés plus grands que le père sur le dessin, la famille se réduit en fait au père, à la mère et au fils placé entre les deux. Les frères en rouge et vert sont finalement en dehors de la famille.

L'un, le vert, sert à amortir les coups. L'autre est le garçon idéal, celui que Jeannot voudrait être plus tard. La famille idéale de Jeannot est donc réduite au strict minimum : un père, une mère et lui, les deux autres étant la représentation du désir de grandir, pour se mesurer avec le père.

Quant aux âges attribués aux personnages, ils sont assez révélateurs. Le père a 15 ans. (Jeannot a une notion assez claire des nombres pour relever une telle ineptie. Je crois que c'est surtout pour lui un moyen de nier toute autorité du père qui, dans ses relations avec sa femme, doit paraître, ou plutôt doit être traité comme un petit garçon. De plus, il fume la pipe pour se donner de l'importance.) La mère a 22 ans, elle est donc jeune (en réalité, elle en a 49). Le frère en vert a 17 ans. Le frère en rouge a 18 ans (c'est à lui que Jeannot s'assimile). Le petit frère a 9 ans, c'est-à-dire l'âge du dessinateur.

Le père et le plus jeune fils ont la bouche de travers. Jeannot ne s'entend-il pas dire, lorsque sa mère est en colère : « Tu es le portrait craché de ton père... » ?

Quand Jeannot dessine « sa famille »

Jeannot commence par se dessiner, traduisant son narcissisme. À côté de lui, il a placé son frère préféré, Roger, habillé, lui aussi, à la mode. Par rapport aux autres personnages, ils se trouvent valorisés ; d'autre part, ils sont sur un plan d'égalité. Roger représente la réussite ; « il est cette année le meilleur de sa classe », me précise Jeannot. Roger est donc l'exemple à suivre.

On peut lire sous le dessin, de gauche à droite : « Moi-Jeannot, Roger, Maurice, Pierre, ma mère, mes trois sœurs, mon père (en haut, Martine). »

Une certaine agressivité contre les filles semble se confirmer : elles n'apparaissent qu'après les garçons. L'une d'entre elles a même dû être rajoutée.

On peut considérer le tandem Jeannot-Roger. Ensuite, les personnages se suivent ; les couleurs alternent de façon stéréotypée ; le rouge succède au noir, etc. Le père est le dernier personnage de cette chaîne. Il est vêtu de deux couleurs : bleu et noir. Plus petit que ses enfants, il se trouve dévalorisé. Les couleurs du père sont aussi celles de Roger qui est, d'après Jeannot, son fils préféré. Quant au noir, c'est la couleur de Jeannot.

En fait, Jeannot aime bien son père, mais lui dénie le rôle de père. Celui-ci est idéalisé : dans la mesure où il n'a pas de mains, il ne peut pas « taper ».

Jeannot m'a expliqué que, si son père ne lui disait pas : « Jeannot, va faire les courses, s'il te plaît », sa mère intervenait et le priait de réitérer sa demande, le « s'il te plaît » étant de rigueur quand on parle à Jeannot... Ce qui confirme le rôle attribué au père dans cette famille.

La mère est comme une interprète entre le père et le fils. Jeannot est sous sa protection, ce qui explique sans doute que la mère a des mains : elle doit protéger et défendre.

Jeannot ne semble pas accorder une attention particulière à ses sœurs.

Le noir est une couleur que Jeannot paraît accorder à ceux qu'il aime bien : ainsi, Pierre, le frère préféré après Roger, Martine, la sœur la plus gentille, sont-ils en noir. Ce qui confirmerait que Jeannot aime son père plus que ne le laisserait supposer le dessin.

Il faut reconnaître que l'atmosphère socioculturelle de la famille ne doit pas beaucoup contribuer à l'épanouissement intellectuel de Jeannot et est sans doute en grande partie responsable de sa pseudo-débilité.

À ces problèmes de milieu s'ajoutent des problèmes relationnels. On comprend le rôle du rang dans la fratrie : Jeannot, qui est le petit dernier, est confiné dans un rôle infantilisant par la mère, qui trouve de grandes satisfactions dans cet enfant qui a pris, pour elle, le rôle du père. Les insultes du genre : « Tu es le portrait craché de ton père » sont, en quelque sorte, des reproches qu'elle se fait à elle-même.

Pour Maud Mannoni, la débilité est un symptôme qui serait essentiellement l'expression d'un conflit dans la relation avec les parents ; d'après elle, la débilité serait un phallus que la mère ne voudrait pas perdre, alors que, pour les psychanalystes, la débilité est un manque de désirs phalliques, ressenti comme une punition. Dans le cas de Jeannot, il me semble que la mère prend plaisir à couver un enfant faible et à le garder pour elle. En particulier, le fait que la mère oblige le père à dire « s'il te plaît » à Jeannot montre le mal qu'aurait celui-ci à nouer des liens avec son fils. La mère est là comme une interprète ; jalouse de toute emprise extérieure, elle empêche Jeannot de s'extérioriser. Là est la cause principale de sa débilité.

4

DESSIN ET PERSONNE HUMAINE

Claude et son bonhomme

Dans la mesure où le « bonhomme » est la projection de son auteur, celui de Claude, 14 ans, est très intéressant car il révèle ses difficultés affectives et sociales.

Le bonhomme est petit et trapu ; c'est, sans aucun doute, Claude lui-même, lui aussi petit pour son âge. Cette représentation du bonhomme est l'image à la fois de ce qu'il voudrait être et de ce qu'il est.

Un climat d'insécurité domine dans ce dessin. La présence répétée d'objets phalliques – parapluie, cigare, braguette du pantalon très accusée, etc. – dénote l'insécurité de Claude.

Claude n'est pas pubère et il doit se sentir mal à l'aise dans sa peau, d'où ce besoin de camoufler son anxiété sous ces objets divers, qui posent leur auteur en tant qu'homme. Les clous et les sens interdits révèlent l'angoisse inconsciente de Claude : crainte de n'être jamais un homme respecté, « présentant bien ». La contrainte sociale ressentie par cet enfant est évidente : Claude est élève peintre en bâtiment, mais son bonhomme a l'aspect d'un « col blanc ». Son ambition est contrecarrée par le sens interdit qui l'oblige à renoncer à ses désirs : il doit emprunter les clous, c'est-à-dire le chemin imposé par la société.

En fait, quand on connaît Claude, qui a tendance à suivre le plus fort et à se laisser entraîner, ce dessin est

surprenant. Mais Claude ne fait peut-être que signifier un cliché mal compris, celui de la masse de « cols blancs » respectant l'ordre social établi. Claude camoufle peut-être par là sa difficulté d'être et son manque de combativité.

Florence et le lunaire

Florence, 7 ans, semble bien adaptée. Lors d'un voyage que ses parents lui ont offert à Noël, elle leur envoie, en guise de remerciement, un dessin très riche.

Le sujet choisi est un « monsieur-de-la-lune », c'est-à-dire un personnage imaginaire, thème original qui permet à

Florence d'employer toutes les possibilités techniques de son âge.

On est d'abord frappé par l'aisance avec laquelle s'exprime cette enfant. Ce dessin traduit l'assurance et l'équilibre de cette fillette, qui témoigne d'une grande confiance en elle. Ces faits sont en rapport direct avec le milieu socioculturel où elle évolue : son dessin révèle qu'elle a l'habitude de dessiner, qu'elle a le temps de « se payer ce luxe » et que ses parents sont assez évolués pour en comprendre la nécessité. D'autre part, cette fillette, en représentant un « monsieur-de-la-lune », l'année où l'homme, pour la première fois, a mis le pied sur cette planète, montre l'importance qui doit être accordée à l'actualité dans sa famille, où les sujets doivent être assez intéressants pour éveiller la curiosité et soutenir l'attention des enfants.

À travers ce « bonhomme » original, nous allons découvrir les questions que peut se poser une fillette de 7 ans.

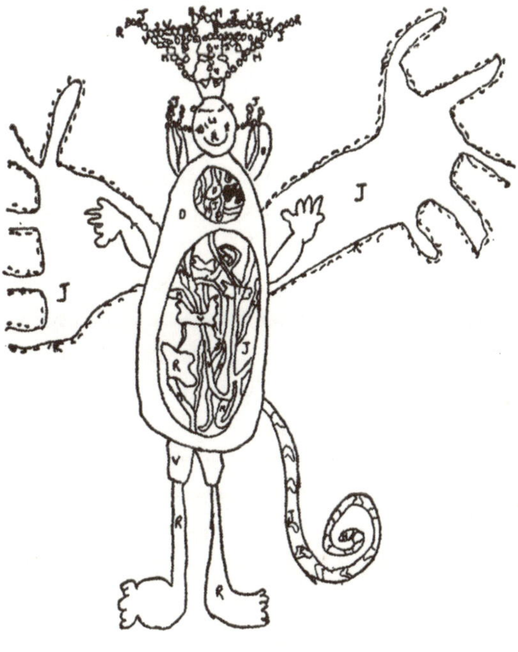

C'est tout son univers fantasmatique que Florence traduit à travers son dessin. Ce personnage inventé exprime les nombreuses interrogations qu'elle se pose au sujet de son corps en particulier, et des corps procréateurs en général.

Sous le dessin figure une légende : « Monsieur les géants de la lune, on voit son ventre transparent » *(sic)*. Bien que visible en différents endroits, cette « transparence » n'est soulignée par Florence qu'au niveau du ventre. Florence est donc consciente de l'originalité fantaisiste de cet être. Cette conscience, en fait, n'explique rien ; elle ne fait que traduire des problèmes qui ont trouvé un support « rationaliste » pour être livrés graphiquement.

Ce « monsieur-de-la-lune » est un personnage inventé, mais sa composition fait intervenir des éléments beaucoup plus prosaïques. Il serait très intéressant de comprendre la présence de certains détails, tels que « la transparence » d'une part, et ces doubles bras d'autre part.

En fait, nous l'avons déjà souligné, les enfants ont du mal à se libérer de ce qui les tracasse ou les captive ; c'est pourquoi on retrouve dans ce dessin, à plusieurs reprises, une vision fantasmatique dont la fillette ne peut se libérer. Il s'agit du phénomène de la naissance.

La couleur « jaune d'œuf » recouvre les doubles bras ainsi que le fond du ventre et du thorax ; elle fait penser à la couleur de l'intérieur d'un œuf et à son poussin. Ce même jaune se retrouve au sommet de la tête du personnage ; si l'on renverse le dessin, on note la présence d'un autre visage, d'un nouveau petit personnage qui doit être le fils, inconsciemment dessiné, de ce « monsieur-de-la-lune » ! C'est encore la couleur jaune qui a donné naissance à ce second corps.

Sans aller si loin, on peut remarquer que les bras sont dessinés dans d'autres bras, sortes d'ailes protectrices. On peut considérer qu'ils occupent cette position un peu comme les enfants dans le ventre de la mère : ils sont donc un corps dans un autre corps. C'est tout le mystère du fœtus qui apparaît ici.

On peut parler, à propos de ce dessin, d'effervescence intellectuelle intense : cette « transparence » reflète les préoccupations de l'enfant, et ce à plusieurs niveaux.

On peut considérer, à première vue, qu'elle est le fruit de leçons et d'observations intéressantes, voire passionnantes et bien assimilées. Mais cette « transparence » traduit aussi, sous un prétexte complaisant et bien amené, les préoccupations de la fillette. Si l'enfant de 4 ans dessine un nombril sur le ventre de ses personnages, c'est sans doute pour tenter d'en démystifier la signification et extérioriser ses interrogations.

Pour Florence, extérioriser ce qui l'habite est un moyen introspectif privilégié ! On peut se demander si elle n'est pas anxieuse, au point d'essayer de trouver la raison d'être des choses et de rechercher une réponse rassurante dans la coupe de l'abdomen et du thorax.

Dans la coupe du thorax, une grande place est laissée au cœur, dont la valeur symbolique est des plus riches. Que l'on se rappelle les expressions : « avoir du cœur », « avoir bon cœur ». « Du cœur » : dans ce dessin, il existe effectivement, et irrigue généreusement les autres organes qui viennent s'y rattacher. « Bon cœur » : tout semble bien fonctionner ; le personnage n'arbore-t-il pas un sourire bienheureux ? C'est donc un cœur vigoureux que Florence adresse à ses parents pour la nouvelle année.

Florence met l'accent sur la représentation du ventre, en soulignant sa présence dans la légende, au bas de son dessin. Le ventre, pour plusieurs raisons, peut être le centre de ses préoccupations : c'est la matrice protectrice, et également le lieu où se fait la gestation.

L'intérêt accordé au tube digestif, en particulier aux intestins, est grand. Psychanalytiquement, le stade où l'enfant attribue une grande importance à ses intestins est le stade anal (celui de la petite enfance, de 1 à 3 ans). Pour les psychanalystes, les selles sont les premiers cadeaux que l'enfant fait à sa mère.

En représentant les intestins d'une manière si détaillée, la fillette peut traduire symboliquement le premier cadeau qu'elle fit à sa mère. C'est en cela que ce dessin peut être considéré comme régressif, car Florence exploite graphiquement un thème qui devrait être dépassé depuis longtemps. Mais n'est-ce pas vouloir trouver une régression à tout prix ?

Les mains de ce personnage témoignent d'un grand sens de l'observation, que l'on ne retrouve pas toujours dans les dessins d'enfants de cet âge.

J'ai remarqué dans de nombreux dessins de « la famille », en particulier, que le nombre de doigts des personnages correspond, le plus souvent, au nombre total des parents et des enfants d'une même famille. Hypothèse que je vous invite à vérifier vous-même, surtout chez les petits qui n'ont pas encore la notion des nombres.

Dans le cas de Florence, ces « mains à cinq doigts » semblent symboliser les liens serrés qui unissent le père, la mère et les trois enfants. En effet, cette caractéristique est encore soulignée par la présence des doubles mains, elles aussi à cinq doigts ; quant aux pieds, ils confirment l'importance accordée au nombre cinq.

La présence de ces mains est tout à fait positive : nous en avons déjà indiqué l'importance ainsi que leur contenu social et affectif.

Le dégradé des doigts donne même au dessin un « réalisme visuel » précoce.

La queue pourrait sans doute être considérée comme un symbole phallique, si elle n'avait pas cette forme bizarre. C'est plutôt un point d'interrogation. Le « monsieur-de-la-lune » doit en effet se demander si, en réalité, il ne serait pas une « dame-de-la-lune »... En renversant le personnage, vous jugerez de son air perplexe.

De plus, l'importance accordée à la coiffure féminise encore ce personnage (la coiffure est une marque particulière d'attention).

En fait, ce personnage extraordinaire est sans doute la représentation de la mère généreuse et bonne qui enfante. Et ce sont toutes les questions relatives à la gestation et à l'accouchement qui semblent s'exprimer dans ce dessin.

7 ans, c'est l'âge de raison, l'âge où Florence se pose une foule de questions auxquelles elle tente de répondre en raisonnant. Ce dessin est donc un prétexte qui permet à la fillette d'exposer ses problèmes et d'y répondre, au fur et à mesure que le dessin naît sous ses doigts.

Quand on voit un dessin aussi riche et aussi beau, on est tenté de dire : « Avec un seul dessin, on peut tout voir ! »

Jean-Daniel à l'école ou l'humour

Ce dessin est l'œuvre, non pas d'un humoriste, mais d'un garçon de 12 ans qui y révèle une vision très particulière du monde scolaire.

Jean-Daniel conteste silencieusement le monde scolaire. Il représente une classe sous un angle humoristique. Sa maturité lui permet d'émettre des critiques comiques.

Robert Escarpit, dans son excellent ouvrage sur l'humour, définit celui-ci comme « la conscience de soi ou plus exactement cette conscience particulièrement aiguë de soi que l'on a sous le regard des autres... ». En réalité, c'est de la pudeur... Or, cette « conscience de soi » est rare chez les enfants, même à 12 ans.

Dans une enquête menée par D. J. Duché, on a demandé à cent enfants – garçons et filles de 6 à 12 ans – de dessiner un maître ou une maîtresse d'école dans sa classe. Les résultats de ce test ont montré que 70 % des maîtres représentés étaient fictifs. On peut se demander si les enfants n'appréhendent pas de « dominer » leur maître en couchant sur le papier ces êtres qui les dominent. Aucun de ces dessins témoins ne représentait une classe et sa maîtresse avec autant d'humour que celui de Jean-Daniel. Bien que son dessin soit un thème libre, il est très proche du thème imposé de l'enquête de Duché. C'est une classe fictive que Jean-Daniel a représentée ; lui aussi a hésité à s'en prendre à une personne définie : il se cantonne au monde grinçant de la caricature.

L'ironie et l'humour sont souvent des moyens privilégiés pour permettre à leur auteur de traiter d'un sujet brûlant d'actualité tout en ayant l'air de n'être qu'un simple spectateur.

En réalité, rien de ce qui est dessiné n'est étranger à son auteur et, de cette construction qui tient à la fois du rêve et de la réalité, peuvent naître des vérités.

Dans un dessin humoristique, il est intéressant de reconnaître les mécanismes qui permettent à leur auteur de donner l'impression qu'il n'est pas concerné par ce qu'il « narre graphiquement ».

Craignant sans doute de manquer de respect à l'un de ses professeurs, Jean-Daniel a préféré représenter un être stéréotypé, qui ne joue plus aucun rôle pour lui.

Lisons, en effet, ce qui est écrit sur l'ouvrage que tient le personnage féminin du dessin : *Les Vertus de l'écolier !* Or Jean-Daniel n'est plus un écolier, c'est un collégien. D'ailleurs, cette scène ne se passe pas à l'école primaire ; seul le premier plan est régressif, avec deux personnages, la maîtresse et l'écolier au bonnet d'âne.

Jean-Daniel dit être présent dans le dessin ; il serait celui qui se trouve à quatre pattes sous une table et qui tire la langue ! En fait, il ne peut être que l'un des personnages principaux. C'est une attitude beaucoup plus normale de se projeter dans un des personnages principaux. Jean-Daniel est certainement l'âne, personnage qui attire tous les regards sur lui et affronte d'un air supérieur la caricature de l'autorité qu'est la maîtresse d'école. L'âne est coiffé d'un bonnet qui ne repose pas sur sa tête : il l'auréole. C'est presque un saint âne mettant au point le plan qui lui permettra de fuir l'univers effrayant de l'école.

Les mains dans le dos évoquent une agressivité qui, il faut l'avouer, est bien naturelle dans de telles circonstances.

L'âne est un des rares personnages du dessin à être valorisé : bottes à talons pour le grandir, franges hippies du pull-over pour lui donner l'air à la mode.

Au contraire, la maîtresse d'école est une véritable caricature du savoir inculqué bêtement et méchamment : c'est une « grosse tête » qui n'a rien dans les jambes ! On dirait une sorcière... mais asexuée : coupe masculine, jupe rassurant sur le sexe de ce personnage. Les mains sont d'horribles serres prêtes à saisir leur proie.

Au second plan viennent les élèves, eux aussi des caricatures du savoir. Leurs têtes sont le plus souvent déformées par la science. Ils ressemblent à des robots du savoir.

Jean-Daniel ne veut pas leur ressembler, il veut avoir une personnalité propre. Il ne veut pas être assimilé à ces bêtes à concours. Les robots du savoir attendent passivement, les deux bras sur la table, l'annonce de la bonne parole, tandis que les trublions profitent de la situation pour laisser libre cours à leurs pitreries.

Au troisième plan, on peut noter l'esprit d'observation et de contestation de ce garçon qui, dans deux cadres, dénonce l'inutilité d'un conformisme auquel tout le monde tourne le dos. Le ruban noir, sans doute un crêpe, donne au mur de la classe l'aspect du mur des contestations !

Dans ce dessin, Jean-Daniel paraît bien affirmer son autonomie : il se juge assez fort pour remettre en question l'école qu'il juge ridicule, traditionnelle et conformiste. Cependant, on ne peut pas considérer que Jean-Daniel est un spectateur à part entière ; en réalité, il est concerné, au point qu'il n'arrive pas à échapper à cet univers autoritariste.

Il existe un contraste frappant entre la perspective de la classe et celle du paysage vu par la fenêtre. Ce dernier est régressif ; c'est celui d'un enfant de 6 ans. Ce contraste montre que Jean-Daniel n'arrive pas à prendre du recul par rapport à son dessin : il ne peut pas se libérer de l'autorité exercée dans le milieu précis qu'est la classe ; lorsqu'il essaie d'y échapper, il revient à un graphisme régressif.

On peut se demander si c'est vraiment la classe qui pose des problèmes à Jean-Daniel. Dans ce dessin libre, Jean-Daniel livre ses préoccupations intimes. Cette classe n'est en fait pour lui qu'un prétexte à transposer intelligemment le fond du problème qui est le sien.

Il est évident que ce garçon a le sentiment de dépendre d'une femme qui abuse de ses droits sur lui. Qui est cette femme ? À première vue, la « maîtresse sorcière » pourrait être considérée comme la mauvaise mère. Mais dans ce dessin, la relation mère-enfant ne semble pas mise en cause : les lèvres sont bien ourlées et la langue du prétendu Jean-Daniel bien tirée, ce qui semble traduire une dépendance normale vis-à-vis de sa mère.

Je pensais plutôt à l'emprise d'une femme d'un certain âge, éventuellement une grand-mère qui aurait étouffé la personnalité de son petit-fils, lorsque, lors d'un entretien avec la mère de ce garçon, j'appris que ce dernier avait une gouvernante beaucoup plus âgée que sa mère. C'est en fait à cette gouvernante que Jean-Daniel doit s'en prendre. Il doit avoir le sentiment que l'autorité du père même est contestée : à droite, on aperçoit un personnage de profil, debout, qui a maille à partir avec les élèves.

Deux des trois personnages debout sont représentés de profil, ce qui accentue leur caractère agressif. Mais il existe un contraste : l'un est vêtu de noir et l'autre de blanc. L'un est le négatif de l'autre, c'est-à-dire qu'ils sont opposés. Cette ambivalence pose des problèmes à Jean-Daniel ; c'est pourquoi il les a transposés, inconsciemment, dans un mode où la présence de l'autorité paraît banale. Jean-Daniel se révolte contre un autoritarisme, celui de sa gouvernante, qui lui paraît fort contestable.

Ma fille ne sait pas lire

Élise, 6 ans, achève péniblement son cours préparatoire. Elle rencontre des difficultés d'apprentissage de la lecture. Or cette fillette ne souffre d'aucun trouble de la vision ni de l'audition.

Son dessin, libre, représente un très joli bébé, souriant, les yeux pétillant de malice. Tout est soigné : le petit toupet de cheveux, les taches de rousseur, les cils, les pupilles, le nombril, les ongles des orteils. Ce bébé bien proportionné est vêtu d'une petite couche-culotte agrémentée de nœuds raffinés. Sa peau est bien fine et bien rose. Solidement planté sur ses pieds, il semble ouvrir affectueusement les bras.

On peut d'emblée rassurer les parents sur l'efficience intellectuelle de leur fille : la précision des détails et le respect de leur proportion témoignent d'un grand sens de l'observation et sous-entend une certaine connaissance de leurs fonctions.

Lorsque cette petite fille commente son dessin, elle dit qu'elle veut devenir médecin et que, pour cette raison, elle a bien marqué l'articulation du genou.

On peut aussi rassurer les parents sur l'équilibre affectif de leur enfant : ce bébé harmonieux se sent bien dans sa peau et respire la joie de vivre.

Mais alors, où est la faille ? Pourquoi cette petite fille n'arrive-t-elle pas à apprendre à lire, voire s'y refuse ?

L'enfant se projette toujours dans son dessin. Ce bébé, c'est elle-même. Comme un bébé, à 6 ans, elle garde la nostalgie des couches-culottes et de leur insouciance. Temps béni où l'on n'exige rien...

Cette régression traduit une légère tendance dépressive face aux nouvelles et impératives sollicitations scolaires. Cette petite fille s'interdit de lire en espérant sauvegarder les bénéfices accordés aux bébés.

5

L'AMOUR, LA GUERRE ET LA MORT VUS PAR L'ENFANT

L'amour, la guerre et la mort : trois thèmes intéressants dans la mesure où ils relèvent de préoccupations qui peuvent paraître éloignées de l'âme enfantine. Mais seul l'amour a l'honneur des dessins de l'enfant. Celui qui a souffert d'un deuil ou qui a vécu la guerre ne le représente pas, en règle générale.

L'amour

Quand on demande aux enfants de « faire l'amour », on obtient deux grands types de dessins.

Dans le premier type de dessins, la représentation de l'amour est signifiée : images du mariage, personnages avec un cœur battant, couples se tenant par la main, jeune homme agenouillé faisant sa déclaration à une jeune fille, nombreux petits cœurs entourant les personnages *(voir cahier hors texte, page IV).*

Dans une série de dessins exécutés par des jeunes de 12 ans, on voit que la signification du mot « amour » est comprise dans son sens universel : il existe un mélange de races significatif.

Dans le second type de dessins, le thème de l'amour est signifié avec beaucoup plus de réalisme : peut-être ces enfants ont-ils une connaissance de l'amour sexuel, ou bien celui-ci les préoccupe-t-il. Les personnages s'embrassent à pleine bouche, ou bien sont installés dans

un lit, nus ou partiellement cachés sous une couverture. Un garçon de 12 ans, très au fait, connaît même un peu d'anglais : « Aloviou », a-t-il écrit en légende.

Dans son dessin, Florence, 11 ans, montre qu'elle sait que l'amour physique existe ; son dessin équilibré, très colorié, montre qu'elle n'en ressent aucune gêne *(voir cahier hors texte, page IV).*

La guerre

Les dessins d'enfants qui ont vécu la guerre sont notoirement différents de ceux qui n'en ont pas souffert. Pendant la Seconde Guerre mondiale, Tramer et Baumgartner avaient déjà insisté sur cette différence.

Dans le recueil bouleversant des dessins d'enfants du camp de concentration de Terezin, on découvre deux types de dessins. Les premiers sont joyeux et expriment les souvenirs des jours heureux, lorsque la nature était belle ; les fleurs et les papillons recouvrent les feuilles, les maisons sont chaleureuses, les scènes sont féeriques et contrastent avec les atrocités que vivent ces enfants. Ce style de dessins représente la partie la plus harmonieuse de la collection. Les autres dessins, représentant des scènes réalistes et macabres décrivant l'ignominie, sont relativement rares.

Les enfants qui n'ont pas connu la guerre la dessineraient de façons diverses, mais conventionnelles : avion lâchant ses bombes au-dessus de maisons ou de villages, soldats armés, tanks, explosions, corps couchés de soldats tués, trajets de balles, exclamations (« au secours ! ») et onomatopées (« bang ! bang ! »), scènes d'hôpital de campagne, etc. A. et F. Brauner parlent même d'enfants qui ont enjolivé leur dessins en y ajoutant des guirlandes.

D'autres enfants qui ont tenu un journal, comme Yves Congar, et qui ont fait des croquis pendant la guerre de 1914, dessinent ce qu'ils imaginent être la guerre, au travers de ce que leur raconte leur entourage et des informations diverses auxquelles ils ont accès. Il s'agit davantage d'un travail d'imagination.

En revanche, les dessins des enfants qui ont connu directement la guerre sont caractérisés en majorité par l'absence de violence. L'enfant révèle généralement ses préoccupations, sa famille, sa maison, tels qu'elles étaient auparavant. Celui qui a connu la guerre se soustrait le plus souvent au thème de la guerre et représente à la place des paysages ou des scènes idylliques. Quand il représente des scènes de guerre, celles-ci sont extrêmement réalistes, d'une précision étonnante, et figurent un fait réel dont ils ont été témoins. Parfois, l'enfant peut reprendre le thème déjà dessiné et y surajouter des détails qu'il n'a pas forcément vécus. Ce genre de dessin témoigne de l'angoisse majeure de l'enfant. Peut encore en témoigner la pauvreté des dessins de guerre, sans embellissement, sans organisation : l'enfant dessine « pour montrer la réalité, ce qu'il vit ».

Joëlle, 6 ans, vient de fuir avec ses parents la guerre civile du Liban. Alors qu'on lui demande quel était son pays, elle représente deux de ses copains libanais s'amusant dans les fleurs près de sa maison. Aucun signe de violence dans ce dessin. Peut-être le sol et le ciel, représentés sous la forme de deux bandes, sont-ils là pour protéger et isoler cette scène agréable, hors de la guerre.

Dans une communication présentée aux Journées annuelles de la Société française de psychiatrie de l'enfant et de l'adolescent, le docteur M. Grappe a présenté le cas d'un groupe d'enfants réfugiés ayant vécu le conflit en ex-Yougoslavie. Ces enfants souffrent de réactions traumatiques. « Les enfants de 5, 6 et 7 ans, remarque le docteur Grappe, dessinent volontiers ; le thème est toujours libre. Seulement 5 % des dessins représentent la guerre directement (tanks, avions ou scènes de guerre) ; 95 % dessinent une maison. »

« Le niveau graphique est excellent en fonction de l'âge. Il n'y a pas de personnage représenté, ce que l'on retrouve dans l'étude de Grenier à propos des dessins d'enfants de familles déplacées après catastrophe. [...] Quand la désorganisation psychique est majeure, le dessin suit en parallèle. On peut voir des taches sombres de peinture sur toute la feuille ou un éclatement complet du dessin en morceaux de murs, de fenêtres, une maison cassée. Ces constantes dans les dessins ont également été observées par nos collègues à Zagreb et à Belgrade. On note même plusieurs dessins avec des fleurs noires. »

L'auteur de cette étude ajoute que les enfants quittent assez facilement « le monde de l'événement traumatique pour élaborer une histoire où ils s'appuient sur le monde des contes, tels “le loup et les trois petits cochons”, ou “le loup et les sept chevreaux”. »

Ce désir de s'évader dans le féerique et l'imaginaire est fréquent chez les enfants qui souffrent et cherchent à fuir une réalité trop dure : ils dessinent alors des châteaux en guise de maisons, des rois ou des reines, substituts parentaux.

La mort

Quand un deuil survient dans une famille et que l'enfant en souffre, il a beaucoup de difficultés à représenter ce thème. Il utilise des thèmes voisins, ou bien le masque carrément.

Quand l'enfant n'a pas connu la mort d'un proche, la représentation de la mort est conventionnelle : couleur noire, corbillard, cercueil. On peut aussi trouver des scènes de suicide.

Le cas de Sylvie, 11 ans, est intermédiaire. Son père est mort alors qu'elle était toute petite. Elle sait qu'il est mort, mais elle ne l'a pratiquement pas connu. Son dessin est

conventionnel. Hormis les croque-morts, les personnages familiaux sont colorés, preuve que la famille a surmonté le deuil. Pourtant, cette situation doit quand même poser quelques problèmes à Sylvie, car ce n'est pas son père, mais une femme qu'elle a placée dans le corbillard.

6

L'ENFANT RACONTE. SCÈNES DE VIE

Samuel, le cow-boy et le voleur

Samuel, 5 ans et demi, est un garçonnet sympathique, bien planté sur ses pieds. Ses dessins représentent le plus souvent des cow-boys armés de pistolets, comme il est courant dans les dessins de garçons de cet âge. Samuel commente ainsi son dessin : il s'agit d'un cow-boy prêt à tirer sur un bandit qui a volé de l'argent (représenté par un sac au-dessus de la chaise). La scène se situe à New York (où il n'est jamais allé). Samuel me fait remarquer que des gratte-ciel entourent la balançoire. Sur les vêtements du voleur et du shérif, on remarque des franges. Chacun des deux personnages tient un lasso *(voir en couverture de ce livre).*

Ce dessin témoigne de la grande intelligence et de la sensibilité de Samuel. Tous les éléments – fleurs, fruits, personnages – laissent présager un climat d'anxiété. Lors du commentaire, Samuel explique : « Dans le bateau, il y a des papas. Ils sont pris et ne reviennent pas. »

Les parents de Samuel forment un couple sans problèmes, qui ne s'est jamais séparé. Lors de l'entretien, nous évoquons ensemble plusieurs hypothèses sur l'expression de cette violence, cette peur de ne pas voir revenir papa. Première hypothèse : il y a 3 ans, le père de Samuel a été hospitalisé quelques jours, événement qui a certainement marqué l'enfant; de plus, c'est à cette époque que celui-ci a changé de nourrice et que la petite sœur est née. Seconde hypothèse : l'insécurité provoquée par la fréquentation de copains dont les parents se séparent, par exemple. Représenter des personnages armés est pour Samuel une manière d'exprimer ces sentiments d'abandons successifs. Dans un dessin d'enfant, plus le personnage est armé, plus l'enfant est anxieux. En armant ses personnages, c'est lui qu'il protège.

Cette crainte se traduit à l'école par une propension à la bagarre. Samuel est fier d'être en grande section de maternelle, c'est-à-dire un grand. Il dit être le chef d'un groupe qui fait la bagarre, et ajoute : « Je commande. Tous les lundis, je leur donne des cours de militaire, et je leur apprends... »

Il suffit de peu de chose pour rassurer Samuel, réexpliquer simplement les raisons de ces séparations et lui rappeler qu'il n'est pas question de l'abandonner...

Amrit et la sorcière

Amrit est âgée de 5 ans et demi. Depuis une semaine, cette ravissante fillette blonde ne dessine que des sorcières, elle qui ne représentait que des princesses et des reines... Pourtant, rien n'a changé dans la vie d'Amrit, fille unique choyée par ses parents. Il s'agit d'un dessin de circonstance : nous sommes aux alentours de la Toussaint et Amrit s'apprête à fêter Halloween. Amrit nous explique que « c'est la fête des morts, il y a des squelettes qui dansent. J'ai appris à dessiner la sorcière et le chapeau à l'école. Une sorcière, ça louche, elle a un chapeau de travers et le nez crochu. Je fais d'abord le tour pour ne pas déborder. » Elle représente donc des sorcières. Certaines sont édentées et nous rappellent qu'Amrit vient de perdre sa première dent... Le dessin est coloré et harmonieux, la sorcière est bien verte et vêtue de noir. Les araignées tissent bien leur toile. Le soleil et les nuages pleurent, tant la sorcière est méchante. Sur son chapeau pointu, un hibou semble heureux. Deux chats entourent notre sorcière *(voir cahier hors texte, page V).*

On peut s'interroger sur cette complaisance à représenter si soigneusement une sorcière qui, par définition, est antipathique. Quand je discute avec Amrit, elle me parle de sa nouvelle maîtresse, moins gentille que celle de l'année passée. La sorcière, c'est peut-être elle !

« La nuit, j'ai peur que l'on me tue... »

Johnny, 8 ans, présente des difficultés scolaires. Lors d'une séance de rééducation de psychopédagogie, on lui propose de dessiner. Il se représente allongé, sous la menace d'un personnage armé. Les superpositions de couleurs, sur les personnages et sur le lit, traduisent un climat conflictuel. Quand les parents de Johnny se rencontrent, c'est souvent pour se disputer *(voir cahier hors texte, page V).*

Johnny commente ainsi son dessin : « J'aime pas être un enfant parce qu'on me laisse faire presque tout. Mon père me tape pas souvent. Quand je serai grand, j'ai un peu peur d'être un monsieur bien. C'est pas bien la vie quand on est grand, on est embêté par son chef. Si on est tout seul, on s'embête. Vaut mieux avoir des enfants et se marier. J'aimerais voyager, mais pas trop loin : j'ai peur que l'avion tombe. Quand j'ai une mauvaise note, je voudrais que mon père me dise qu'il faut mieux travailler ; quand j'ai une bonne note, je voudrais qu'on me récompense. »

Ces remarques permettent à cet enfant de préciser son angoisse. Il ne se sent pas en sécurité et nous apprend « qu'on lui laisse faire presque tout », c'est-à-dire qu'il ne connaît pas de limites, pas de fils conducteurs. Il se sent livré à lui-même. Même ses résultats scolaires semblent laisser ses parents indifférents : à quoi bon bien travailler si cela ne sert pas à se valoriser ? Johnny est un enfant dépressif qui n'investit pas dans le présent. L'école devient le lieu de référence où faire entendre son mal-être, en ne s'investissant pas dans le travail scolaire.

Sa projection dans l'avenir est tout aussi compromise. Il craint de ne pas pouvoir grandir convenablement car il ne se sent pas soutenu, et redoute de ne pas devenir conforme à l'image que l'on attend de lui plus tard. C'est un enfant sans repères et qui se sent sans père, sans modèle auquel s'identifier. Il se plaint que son père ne le tape pas souvent : c'est une manière de signaler que l'autorité de son père est défaillante. Qu'il fasse bien ou mal, il a l'impression de se heurter à l'indifférence. Johnny nous laisse entendre que, lorsqu'on tape, cela signifie au moins que l'on s'intéresse à l'enfant, qu'il y a un contact...

Les parents de Johnny vivent sous le même toit, mais sont très occupés par leur travail. Le père rentre très tard, lorsque les enfants sont déjà couchés. La mère, infirmière dans un service de soins palliatifs, assure des gardes la nuit et décrit à son fils les cas désespérés auxquels elle porte assistance, augmentant l'anxiété de Johnny, qui s'occupe seul de la maison en attendant le retour de ses parents.

Les enfants qui se sentent victimes se dessinent souvent allongés : c'est une manière de transcrire leur passivité, de masquer leur impuissance face à un environnement persécuteur. Je me souviens d'une série de dessins d'enfants en bonne santé auxquels on avait demandé de dessiner leur médecin : la majorité des dessins représentaient l'enfant couché, le médecin brandissant une seringue énorme ! Devant l'épouvantail que peut représenter le médecin, l'enfant ne fait pas face et préfère s'allonger...

Dans les cas d'abus sexuels, les enfants victimes se figurent allongés, traduisant ainsi la passivité à laquelle les contraint l'abuseur.

Quand un enfant voit son père mort

Le père de Laura, 7 ans, est mort des suites d'un accident du travail. Il a été touché à la tête. Laura, qui ne sait

Première histoire de Laura, 7 ans.

rien des circonstances du drame, a voulu revoir son père avant la mise en bière. Depuis, cette petite fille joyeuse et sans histoire s'est renfermée sur elle-même et s'est montrée incapable de poursuivre ses apprentissages.

Lors des séances de rééducation, elle dessine des bandes dessinées qui l'aideront à mettre en mots ses maux. Quatre histoires voient ainsi le jour.

Première histoire

« La serviteuse *(sic)* de la reine a renversé le plateau, mais la reine n'est pas méchante. Elle croit que c'est son vieux service qui s'est cassé. Elle ne dit rien. La serviteuse part en pleurant. Dans la salle de bains, elle casse un flacon de parfum. Cette fois, la reine la renvoie. La servante trouve un emploi d'infirmière.

« Le blessé a reçu des coups de marteau. Il a la tête bandée, un bras et une jambe cassés. L'infirmière le sauve. Il se lève. Il devient fou et se tape la tête contre les murs. Ensuite, il n'a plus mal et guérit.

« L'infirmière rentre dans sa maison. Elle s'est acheté une maison. Avant, elle habitait chez la reine. Elle devient une grande chanteuse. Tout est bien qui finit bien. »

Deuxième histoire

« Une dame dit adieu à son mari qui part faire un long voyage. La dame est si émue qu'elle ne peut pas parler. Elle rentre chez elle faire son ménage. Elle va faire ses courses et en revient avec des salades, du pain, une betterave, un chou... Plus tard, elle met sa robe de chambre. C'est le soir. Le matin, elle s'étire à sa fenêtre. Aujourd'hui, son mari revient de voyage. Elle va le chercher à la gare, toute contente. Elle est amoureuse. Il est trois heures et le train arrive à trois heures et demie. Le mari est content de revoir “sa petite femme”. Le pauvre n'arrive même pas à dire un mot. En courant, elle laisse tomber son chapeau et son chignon se défait. De retour à la maison, elle lui prépare à manger et malheureusement elle renverse tout le repas *(voir cahier hors texte, page VI)*.

Troisième histoire

« Histoire de la princesse. Elle s'appelle Rose. C'est son portrait. C'est le matin. Elle vient de se réveiller. La princesse en a marre de rester au château. Alors, elle part au galop. Elle s'est habillée en homme, mais on voit ses cheveux. Elle tombe dans un piège ; elle est pendue à l'arbre. Son chapeau tombe. Les cheveux se détachent. Elle ne voit plus rien. Le cheval s'en va. Le prince charmant se promène dans la forêt. Il poursuit un petit lapin. Le prince dépend la dame et la prend dans ses bras pour aller au palais. Conclusion : ils arrivent au palais, ils se marient et ils ont beaucoup d'enfants. »

Quatrième histoire

« La servante balaie. Au lieu de jeter les ordures dans la poubelle, elle les met dans une plante [références à l'enterrement]. Elle va dans la forêt chercher des fleurs pour mettre dans les vases. La patronne fait du cheval. La patronne a fait ses courses. Un an plus tard, la servante est toujours servante. Elle fait son travail. Elle renverse le parfum avec son plumeau. C'est minuit. La servante a mis ses rouleaux. Elle va se coucher, elle éteint la lampe. Pas un bruit, sauf le hibou. »

Interprétation

Les dessins sont gais et pimpants. Remarquons la qualité du trait et la joliesse des personnages, qui révèlent une indéniable maîtrise. La succession de traits appuyés, légers, travaillés, donne une intonation au dessin. Ainsi, la vignette où « le prince dépend la princesse » est au crayon à peine appuyé, alors que toutes les autres cases sont au feutre bien marqué. On peut noter que l'image de l'homme est dévalorisée, signe d'un désarroi émotionnel : il est représenté sans mains dans chaque série, ou couché dans un lit d'hôpital, faible, alors que les femmes, qu'elles soient servantes, princesses ou infirmières, sont toujours

Troisième histoire de Laura, 7 ans.

Quatrième histoire de Laura, 7 ans.

soigneusement représentées, dynamiques, vêtues avec minutie, les pieds sur terre. Tous ces processus amènent l'enfant à admettre que son père a disparu ; le trait léger traduit la fragilité de son acceptation.

Les commentaires sont de l'ordre du processus magique ; il est question de personnages si émus qu'ils ne peuvent pas articuler une parole. Le personnage de la princesse « habillée en homme » qui tombe dans un piège, et dont le chapeau tombe en laissant voir ses cheveux, est pour Laura une manière de s'identifier à son père en se transformant en homme et en tentant de revivre les circonstances de l'accident qu'elle essaie en vain d'élucider.

Ces dessins ont servi de prétexte à la verbalisation de tout un vécu insupportable pour l'enfant. Laura a vu son père mort, la tête bandée. Elle n'était naturellement pas préparée à un tel deuil. La brutalité de l'événement a besoin d'être travaillée : l'enfant a été submergée par l'ampleur de cette perte et, pour y faire face, elle doit entreprendre un travail de réélaboration, c'est-à-dire une mise en mots, une explication personnelle et plausible de cet événement qu'elle se raconte à elle-même. La culpabilité se fait jour dans chaque bande dessinée. Laura tente de structurer le temps, de reconstruire les événements selon une suite logique.

Ces séances de rééducation lui ont permis de mettre à distance des événements, de les justifier et de les rationaliser autant que possible !

Léonor à sa fenêtre

Un enfant de 3 et demi dessine un bonhomme et commente son œuvre en ces mots : « Tu vois pas, le bonhomme est à la fenêtre, il attend l'invité. Là, c'est son front [gribouillis]. Je vais lui faire un chapeau violet... » Pour lui, ce bonhomme est toute sa vie, c'est quelqu'un d'important, l'interprète favori dans sa galerie de personnages.

Petites filles d'hier, d'aujourd'hui et de demain...

Depuis une vingtaine d'années, de nouveaux outils, tel le crayon-feutre, plus pratique que le crayon de couleur, permettent aux enfants d'enrichir leurs dessins. Cependant, le dessin de Gladys, 5 ans, (mais née en 1915) montre que l'évolution de la représentation graphique reste constante *(voir cahier hors texte, page VII)*. Ce bonhomme est en tous points un bonhomme actuel ; la petite fille représentée ressemble comme une sœur à une petite fille de maintenant. Elle a les mêmes attributs valorisants : robe, boutons, parapluie. Seul peut-être le chapeau est quelque peu démodé ! Le décor dans lequel elle évolue est le même : une fleur. C'est un peu comme si l'enfant suivait un modèle interne, évoluant en fonction de sa maturation psychoaffective.

Seule restriction : à l'époque où ce bonhomme a été dessiné, crayons de couleur et peinture à l'eau existaient déjà. Le bonhomme intemporel de l'avenir, lui, sortira sans doute d'une imprimante d'ordinateur.

7

UN NOUVEAU TEST PROJECTIF : LE « DAVIDO-CHaD »

Dans mon expérience professionnelle de psychologue scolaire, j'ai souvent été confrontée à un enfant en difficulté dont, malgré les tests classiques et les entretiens, je n'arrivais pas à cerner la situation.

Aujourd'hui, évoquer l'abus sexuel parmi d'autres causes de l'échec scolaire est presque devenu courant... Il y a une dizaine d'années, le faire admettre par les enseignants, la police et les parents était plus difficile... Et finalement, je suis assez fière de m'être fait quasiment insulter, puisque je crois avoir été pleinement dans mon rôle en ayant rendu service à certains enfants presque abandonnés de tous.

C'est le cas d'une fillette de 6 ans, E., qui m'a permis d'adapter la méthode CHaD à l'enfant. En plein échec scolaire, E. ne parlait pas. Ses seules productions étaient des gribouillis infâmes montrant, à l'évidence, la négation de son corps. Quand je lui proposais de réaliser « le dessin qu'elle faisait le plus souvent quand elle était plus petite », elle me rendit un dessin évolué, tout à fait digne d'une fillette de 6 ans, non régressif. La négation du corps, ici massive, ne pouvait qu'orienter vers l'abus sexuel. On découvrit que cette petite fille était abusée depuis l'âge de 3 ans, révélation obtenue grâce au CHaD sans questionner l'enfant, mais en le laissant tout simplement dessiner, sans parole[1]...

1. Ce cas est décrit dans *Le Davido-CHaD* (L'Harmattan).

Le Davido-CHaD, chez l'enfant, nécessite quatre dessins :

– le *dessin d'enfance* (C), qui n'est pas le dessin d'enfant, mais le dessin que l'enfant faisait le plus souvent quand il était plus petit. Même les jeunes enfants ont un dessin d'enfance, puisqu'ils savent qu'ils ont été plus petits ;

– le *dessin des mains* (Ha), dont la consigne est : « Dessine des mains, autant que tu veux, dans la position que tu veux » ;

– le *dessin de la main qui gêne* (D), qui consiste à dessiner une main qui gêne ou dérange ;

– le *dessin libre* (FD), qui est le dessin fait le plus souvent à l'époque où le test est réalisé.

Les consignes sont le plus floues possible. La main ne doit pas être contournée. Le sujet a, en permanence, à sa disposition des crayons de couleur et un crayon noir – *ni règle ni gomme.*

L'examinateur, sans dirigisme, n'intervient que si nécessaire, pour encourager de la manière la plus neutre possible.

Ainsi, le sujet est libre de s'exprimer. C'est lui qui construit ses propres limites, face à lui-même et face aux autres, sachant que sa production va être jugée.

En effet, l'essentiel de ces analyses projectives n'est pas de cataloguer l'enfant comme agité, timide, voire maltraité puisque l'on reste dans le domaine « sentimental », symptomatique. Il s'agit surtout de dépister une réelle pathologie, nécessitant une prise en charge plus ou moins active et prolongée.

Même bien analysés, les dessins d'enfants ne permettent pas toujours de dépasser le symptomatique et, pour arriver à l'hypothèse étiologique, il est indispensable :

– de connaître la santé physique de l'enfant (la surdité est encore un « gros » piège),

– de connaître l'environnement (l'enfant sait-il ce qu'est un crayon ! ?),

– de surtout s'aider d'autres tests pour :

- préciser le niveau d'intelligence,
- l'influence perturbante ou non de l'affectivité (tests de la famille, test du bonhomme, Davido-CHaD, etc.).

L'important est que l'examinateur sache s'étonner de discordances, de dysharmonies, de ce que le présent (l'actuel) ne se situe pas dans la cohérence du passé (l'avant).

Les exemples qui vont suivre montrent que l'anormalité et/ou la pathologie se démasquent de façon inégale dans les quatre dessins faits en respectant l'ordre chronologique C, Ha, D, FD, et que c'est la complémentarité des quatre qui assure au mieux l'approche diagnostique.

Le dessin d'enfance (C)

Perçu comme anodin, il permet de répondre à plusieurs questions : y a-t-il eu conflit dans l'enfance ? De quel ordre ? Est-il résolu ? Quelle est la nature de la pathologie ainsi suscitée ? Dans son commentaire, le sujet situe toujours son dessin d'enfance. Dans mon expérience, s'il ne permet pas toujours avec certitude de dater l'apparition des troubles psychiatriques, il permet le plus souvent de dater l'origine du conflit.

Le dessin des mains (Ha)

Fait essentiel, ces mains appartiennent au sujet, et elles agissent – ou n'agissent pas, ce qui est une autre façon d'agir. Plus les mains sont allégoriques, plus la pathologie est importante.

Le dessin de la main qui gêne (D)

Il s'agit le plus souvent d'une main horrible. Chez l'enfant « normal », ce peut être la main d'une sorcière, sa main gauche s'il est droitier, ou plus communément la main de sa sœur ou de son frère. Cette main qui gêne peut révéler une pathologie et/ou une maltraitance.

Le dessin libre (FD)

Ce dessin est à comparer au dessin d'enfance dans les deux sens :

– s'il est régressif, alors que le dessin d'enfance ne l'est pas, il démasque l'apparition du conflit et le date ;

– si, au contraire, il est plus évolué que le dessin d'enfance, il permet d'envisager que le conflit a trouvé une issue favorable.

Chronologiquement, on peut dire que la succession des quatre dessins narre ce que le sujet a été (C), ce qu'il est devenu (Ha), ce qu'il peut devenir (D), ce qu'il est à l'instant présent (FD).

Pour l'interprétation, on retient :

– les proportions de chaque thème et leur place dans la feuille ;

– le trait, sa qualité, son genre ;

– l'usage de la couleur, dans les mains en particulier ;

– le temps de latence pour dessiner les mains et/ou la main qui gêne (chez l'enfant maltraité, le temps peut être si long que l'enfant est dans l'impossibilité de dessiner) ;

– la cohérence entre ce qui est dessiné et ce qui est dit.

Le Davido-CHaD et les abus sexuels

Ka est une fillette de 9 ans qui, malgré un redoublement, est toujours aussi mauvaise élève.

Dans le dessin d'enfance (C) apparaît un énorme bonhomme aux longs cheveux blonds avec, dans le ventre, un petit bonhomme identique, avec des cheveux bleus. Les yeux des deux bonshommes sont différents. La bouche est particulièrement agressive, comme fermée par deux crocs.

Le dessin des mains (Ha) représente deux mains assez semblables. Dans chaque main, un doigt est très écarté, presque à angle droit.

Le dessin de la main qui gêne (D) représente une main de grande taille, identique aux deux précédentes.

Le dessin libre (FD) représente une petite bonne femme souriante, sans bras et sans couleur, dans un grand château fort entouré de fleurs dispersées, de gros papillons et de nuages, et éclairé d'un soleil aux couleurs vives.

Enquête

DESSIN D'ENFANCE. Ka dit qu'elle avait 3 ou 4 ans quand elle dessinait ce monstre. « Il m'embêtait quand je me levais pour aller aux toilettes, je voyais son ombre. Il était grand, il avait un bébé dans le ventre. »

DESSIN DES MAINS. Ka ajoute : « Des fois, elles me giflaient... Elles appartenaient à un monstre... Elles tremblaient, elles tenaient un pistolet et le monstre disait : arrête de faire des histoires... Mon père a un pistolet, mais il ne s'en sert jamais. »

DESSIN DE LA MAIN QUI GÊNE. Ka dit : « C'est la main des garçons qui m'embêtent dans l'école, ils me donnent des coups de pied. »

DESSIN LIBRE. « C'est une petite fille qui regarde la rose, et ça, c'est le château où elle habite. »

À partir de cette description des dessins, sans aucune question de ma part, Ka se confie et me fait promettre de ne rien dire à son père car elle l'aime beaucoup. Il lui apprend comment on fait les bébés. Il lui explique qu'il y a deux liquides, mais elle ne comprend pas. Elle ajoute : « C'est comme la table de Pythagore, c'est très difficile à comprendre... »

Les mains appartiennent au monstre qui tient un pistolet. Ka dit que son père possède un pistolet. Le monstre est bien l'image du père qui, depuis l'âge de 3 ou 4 ans, âge du dessin d'enfance, essaie de lui apprendre comment on fait les bébés. Et la mère, dans cette histoire ? Elle assiste à la scène et dit : « Ne fais pas d'histoire. » Le personnage sans bras du dessin libre est peut-être la mère qui regarde la scène, et dont Ka ne peut attendre aucun secours.

Cette fillette a passé trois ans auparavant des tests de dessins tels que « Dessine une famille » et « Dessine ta famille ». Les entretiens et les dessins libres n'ont laissé entrevoir aucune problématique d'ordre sexuel. Or nous venons d'apprendre, grâce au Davido-CHaD, que les premiers abus remontent à l'âge de 4 ans.

Cas de S.

S. a 5 ans et 3 mois, cette fillette est en grande section de maternelle. Elle est signalée au psychologue scolaire pour un éventuel redoublement en raison « d'immaturité, de sérieuses difficultés graphiques... S. ne sait pas écrire son nom ! ni dessiner, etc. ». Les causes de ces « déficiences » pourraient sembler banales et « habituelles », car cette enfant est née en fin d'année civile, donc plus jeune que ses pairs, elle est issue d'une famille turque aux origines très modestes et, de plus, on ne parle pas français à la maison. Tout est dit ! S. est la démonstration à elle toute seule des causes d'échec scolaire, répétées ou plutôt annonées périodiquement en milieu scolaire :

– Immaturité, avec un grand I, comme si un enfant, tout en devenir, pouvait être mature !

– mauvaise efficience mentale ou pour parler plus crûment débilité, faible intelligence... Bien sûr, la notion de quotient intellectuel (QI) a et doit avoir une réalité en milieu scolaire, mais son interprétation doit reposer sur des observations objectives. Il ne peut, à lui seul, tout expliquer puisque QI bas et QI très élevé peuvent mener tous deux au même résultat : « l'échec scolaire ».

– origines familiales « compliquées », hors normes, recomposées, monoparentales, étrangères, etc.

S. arrive donc pour son examen psychologique déjà bien bardée d'étiquettes. Elle est intimidée, sur la défensive et s'exprime... en français, très correctement !

Puisqu'il s'agit d'échec scolaire, nous commençons l'examen par une épreuve ludique, le Davido-CHaD et ses 4 dessins.

– le dessin libre (FD) : « dessine ce que tu veux ».

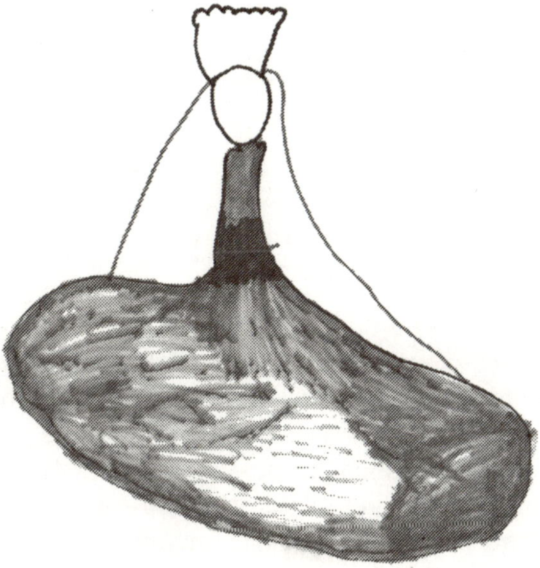

S. représente un personnage féminin de grande taille qui occupe l'espace. Son « contenant » (torse et jupe)

est seulement esquissé sans membres et le visage est vide. Les couleurs sont un peu violentes ; surtout elles sont juxtaposées, séparées les unes des autres. Ce qui pourrait révéler une situation conflictuelle. *S. met beaucoup de temps pour exécuter ce dessin* avec une très grande et lente application. Elle dit : « Je colorlle la robe ».

– le dessin d'enfance (C) : « dessine le dessin que tu faisais quand tu étais plus petite ».

Sans aucun temps de latence, S. attrape les crayons-feutres et dessine en commentant : « Quand j'étais petite, j'avais les cheveux longs, j'étais mignonne… je vais lui faire du "rouge à rêves" et une petite fleur, j'avais 3 ans et maintenant j'ai 5 ans et demi. » S. semble contente, enjouée, moins crispée. Le dessin représente un personnage féminin assez semblable dans sa forme globale au personnage précédent, avec la même couronne sur la tête, accessoire très fréquent et commun à cet âge où l'on rêve de princes et de princesses. Mais là, le visage n'est plus vide, il a des traits, des yeux, un nez, et son rouge à lèvres est turquoise. Le personnage a des bras, des pieds, un certain dynamisme et vit dans la nature (fleur et soleil). Il n'est plus coloré de façon opaque, la jupe est aérée.

– le dessin des mains (Ha) « dessine des mains autant que tu veux, dans la position que tu veux ».

S. est hésitante : « J'arrive pas, je vais faire une bague et le collier (bracelet). » S. contourne sa main gauche. Tous les doigts sont présents, le pouce est assez grossier, la bague peut suggérer l'esquisse d'un ongle, le poignet est totalement fermé par un bracelet.

– le dessin de la main qui gêne (D) « dessine la main qui gêne, la main qui dérange ».

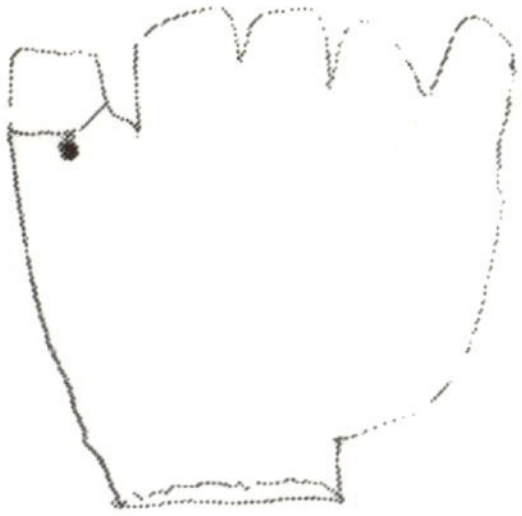

D'emblée, S. dessine une main sans prendre modèle et ajoute : « C'est ma main à moi, j'ai oublié de faire la bague et le collier »... Elle rajoute la bague en appuyant très fort et esquisse le bracelet sur un poignet déjà fermé. La main qui dérange est une main-forteresse comme un poing grossier aux doigts repliés et au poignet fermé comme menotté.

S. accepte bien l'enquête qui suit la passation des dessins. Elle est très volubile pour son dessin d'enfance et parle de copains, copines, de manèges, de cadeau d'anniversaire, de son amie, de son papa qui a un pansement sur la tête, aussi on a vu la mer et la « *soure Eiffel* ». C'est « la main de ma sœur, elle a une belle bague en diamant. Elle a 3 ans et demi... ». La main qui gêne est une main qui *tape* : « Ma mère l'a battue (la sœur ?), il (le père ?) voulait taper ma mère, taper moi, depuis que j'ai 3 ans, il me tape, il me fait autre chose, il me fait des caresses (à ma maison). » Elle soupire et ajoute : « à ma sœur aussi... »

Les commentaires de S. sont très décousus, on dirait qu'elle cherche à en dire le plus possible sur sa vie d'avant. Ce retour au passé lui donne la force de s'exprimer, elle se sent en confiance.

Le Davido-CHaD montre à l'évidence que S. souffre de maltraitance, violence et probablement d'abus sexuel. On est très loin des causes évoquées pour son échec scolaire :

– Il n'y a pas de retard intellectuel ni d'immaturité : S. sait dessiner un cou et donner du dynamisme à un personnage. S'il y a une certaine désorganisation de la pensée dans des propos décousus chargés de réactivité affective, S. fait preuve d'une indéniable maturité puisqu'elle a pu taire et enfouir sa souffrance et ses secrets.

– Il y a un conflit familial attesté par la violence qui se dégage de la juxtaposition des couleurs, de mains qui tapent, qui font quelque chose (mains actives), de main-forteresse (fréquente dans les dessins d'enfants maltraités). Le fait que la juxtaposition des couleurs se situe sur le corps laisse supposer que c'est le corps qui est au centre du conflit.

– Surtout S. *nie, dégrade son corps actuel* alors qu'elle peaufine son corps d'avant, l'image de son corps quand elle avait 3 ans. Cette régression inversée est pathognomonique de la maltraitance. Quand on demande à un enfant tout venant ce qu'il dessinait quand il était plus petit, il répond : « Quand j'étais bébé je crabouillais » et le jeune enfant est fier de montrer qu'aujourd'hui il dessine « comme un grand »; ainsi le dessin actuel (FD) est toujours plus élaboré que le dessin d'enfance (C), plus régressif. Dans les cas de maltraitance, c'est l'inverse, et S. se projette dans un corps actuel très dévalorisé car amputé de ses membres, au visage vide, à la jupe souillée. En revanche, son corps « d'enfance » vit, marche et… regarde.

Le problème de S. n'est pas l'école. Le Davido-CHaD a permis de libérer la parole et d'orienter l'examen psychologique vers le bon diagnostic. Les commentaires de S., d'autres dessins vont nous permettre de situer le début de la maltraitance vers 3 ans, de comprendre qu'elle (et peut-être sa sœur) subit des agressions sexuelles de la part de son père et que sa mère laisse faire par peur d'être tuée elle-même.

Rapporter l'échec scolaire à une maltraitance est un diagnostic lourd de conséquences :

– conséquences positives pour l'enfant puisque l'on peut espérer, avec l'arrêt des sévices, l'amorce d'un travail psychologique et d'un soutien, aider l'enfant à se reconstruire et lui éviter de « reproduire » plus tard ce qu'il a pu subir.

Mais les conséquences sont souvent « négatives » pour le psychologue scolaire !

– Le psychologue scolaire qui « ose » parler inceste, abus sexuels, emploie « de très gros mots » dans une « telle institution », et les policiers ont d'abord tendance a le considérer comme un « obsédé sexuel » (surtout si le psychologue est une femme). Souvent encore, ils harcèlent par leurs demandes de fournir des preuves bien matérielles (!) mais... bien délicates à fournir puisque dans les abus sexuels, l'inceste, *la symbolique sexuelle*, dans les dessins des enfants, est justement inapparente : elle est détournée ou se « voit » dans les manques.

Déclarer un abus sexuel est un devoir mais c'est le début du « parcours du combattant » tant il y a de gêne, de conformisme pour en parler et tant il est difficile de rompre l'ordre établi, la loi du silence, de ne pas choquer.

Détection du suicide par le Davido-CHaD

À travers le CHaD peuvent s'exprimer les désirs de suicide.

Benjamin est âgé de 5 ans et demi. Il est en grande section d'école maternelle. Sa maîtresse, qui l'a signalé, soutient qu'« il est bête » car il ne comprend aucune consigne et « donne des coups de pied aux autres ».

Benjamin est un garçon de taille normale pour son âge. Il fait des grimaces et se pince la peau du visage quand on lui pose des questions aussi ordinaires que : « Quel est ton prénom ? Et ton âge ? » C'est un enfant très mal à l'aise.

Lors du CHaD, Benjamin comprend bien les consignes et dit : « J'avais un an. Je faisais des gribouillages, comme tout le monde. » Au moment d'écrire son nom, il me dit : « Miellou. C'est Benjamin en français. Je suis à moitié roumain. Mon père m'emmène en Roumanie... »

Puis c'est la consigne du dessin des mains. L'air dégoûté, Benjamin dessine une petite figure ovale : « Ça, c'est les poignets. » Il ajoute des petits traits autour : « Ça, c'est les doigts. »

Il comprend tout de suite la consigne de la main qui gêne et dit : « Je vais faire le poignet. »

Puis, à la consigne du dessin libre : « Tant pis, dit-il, j'ai raté le toit. Voilà une fenêtre du château avec les remparts. Ils ne sont pas bien faits. »

DESSIN D'ENFANCE. Benjamin dit : « J'avais 1 an, je faisais quelques bêtises. Lesquelles ? Je ne m'en souviens plus. Maintenant, j'en fais quelques-unes. » Lesquelles ? « J'attaque mon voisin, c'est Alexandre Martin, bien sûr. J'aime pas faire mon travail avec cette maîtresse. Ma sœur dit qu'on n'a pas le droit de gronder les enfants parce qu'ils n'aiment pas travailler. [...] Je me retourne souvent pour regarder le voisin de derrière. »

DESSIN DES MAINS. « C'est la main de quelqu'un que j'ai vu en Algérie. Il avait la cassette de *Terminator*. Moi, j'ai la moto de *Terminator*, mais j'ai perdu le truc pour la tenir. » Qui est ce garçon ? « Il s'appelle Ali, il a entre 8 et 12 ans. » Quelle partie as-tu représentée ? « L'intérieur. Je... j'avais 3 ans. Je veux mourir, on m'embête. » Et si on arrêtait de t'embêter ? « Je serais vraiment content. » Depuis quel âge tu penses à la mort ? « 3 ans. On m'a embêté, alors je me suis dit : j'ai envie de mourir. » Qui t'embêtait ? « Plein de gens – pas ma sœur –, mes parents, et puis la maîtresse. »

DESSIN DE LA MAIN QUI GÊNE. « Parce que j'écris avec la peau, il y a des veines. » Tout à coup, Miellou demande l'autorisation de faire un autre dessin d'enfance (C) : « Je faisais des tentes avec des chemises, des serviettes et du bois. Moi, j'aime pas vivre, je veux être mort, aller au cimetière. Je le dis tout le temps à ma mère. En Roumanie, où je vais, on brûle les gens, comme Jeanne d'Arc. Ma mamie, on l'a brûlée en Roumanie, même la mère de ma maman, mais on ne l'a pas encore brûlée, elle est vieille, elle est handicapée, elle a le cancer comme mon papy. »

En fait, la mère de Miellou est française. Elle a épousé un Roumain. Elle désirait que son fils ait un prénom intraduisible en français, Miellou. Le prénom français dont il s'affuble, Benjamin, n'a rien à voir avec son vrai prénom.

Miellou est âgé de 5 ans et demi. Depuis qu'il a 3 ans,

il menace sa mère de se jeter par la fenêtre. Ce ne sont pas que des paroles : il ouvre la fenêtre et la menace. C'est donc la première fois qu'il parle de la mort à quelqu'un d'autre. Miellou n'a jamais exprimé cette idée devant son père, très surpris, le jour de l'entretien en présence de sa femme, d'entendre Miellou parler de son désir de mourir et d'aller au cimetière.

C'est principalement lors de l'enquête que s'expriment clairement les idées de mort, mais aussi quand Miellou parle du poignet, de la peau et des veines dans la « main qui gêne ». (Cela me rappelle le cas d'un adolescent de 13 ans et demi qui s'est accusé lui-même du meurtre de son frère, s'est attribué la date de naissance de son frère mort et a dessiné une main de peau et d'os. Lors de l'entretien avec les parents, ces derniers déclarent ouvertement, devant leur fils, avoir tenté de se suicider lorsqu'ils étaient enfants. Le père, à l'âge de 10 ans, s'est jeté sous un camion et en a gardé des séquelles, puisqu'il boite. La mère a tenté deux fois de se suicider ; à 12 ans, elle s'est jetée par la fenêtre et est restée trois semaines dans le coma ; à 13 ans, elle s'est tailladé les veines.)

C'est donc le CHaD qui a permis à Miellou d'exprimer sa détresse, devant un tiers, puis devant ses parents. Le père était jusque-là incrédule. Il pensait que sa femme lui parlait des menaces de suicide de son fils pour exercer un chantage afin de le retenir. Étant volage, il n'a en effet qu'une seule idée en tête : quitter le foyer conjugal...

Depuis que Miellou a pu exprimer son angoisse, il grimace moins et surtout ne parle plus de la mort. Surtout, il se soucie moins de sa mort.

Le cas de Sébastien, dont le père veut tuer toute la famille

Sébastien a 8 ans au moment de l'examen. C'est un garçon perturbé, agressif, qui ne parle pas. Il est en échec scolaire.

DESSIN D'ENFANCE. C'est une sorte de gribouillis. Les traits sont tirés à la règle. Sébastien dit qu'il avait 7 ans.

DESSIN DES MAINS. Ce sont deux mains de grande taille, difformes, qui ne comptent que quatre doigts. A l'enquête, le temps de latence est long ; Sébastien dit qu'elles sont à lui et qu'elles tapent. Comme je lui demande qui, il me répond : « Mon père. »

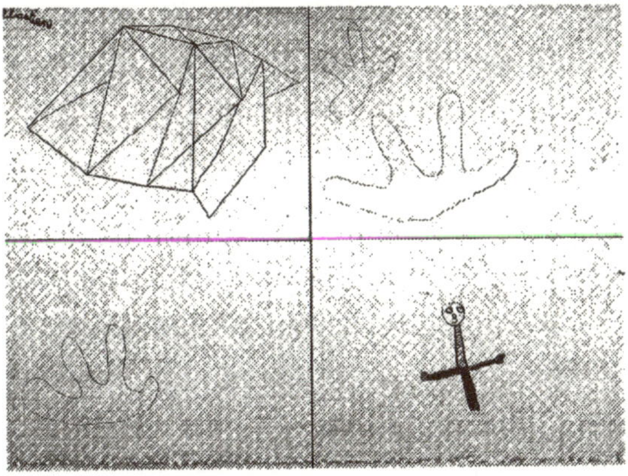

DESSIN DE LA MAIN QUI GÊNE. Encore une main difforme. Sébastien dit qu'elle lui appartient et qu'elle tue son père.

DESSIN LIBRE. Il représente un bonhomme en fil de fer, les bras en croix. C'est plutôt un dessin régressif qu'actuel. Il nous renvoie à l'image de soi perturbée que peut avoir ce garçon.

Grâce au CHaD, Sébastien a pu verbaliser son drame. Il a raconté que son père, sous l'emprise de l'alcool, lui a dit : « Sébastien, va dans la cuisine chercher un couteau pour que je vous tue tous... »

8

QUAND LES ENFANTS DU MONDE DESSINENT…

Qu'ils soient d'Europe, d'Asie ou d'Amérique, – tous les enfants du monde qui ont un crayon et une feuille de papier à leur disposition passent par les mêmes étapes – tache, gribouillis, griffonnages, bonhomme-têtard, etc.

Dessins de deux fillettes de 2 ans qui gribouillent.

Margot, 2 ans, Paris, France.

Paola, 2 ans, Puerto Ordaz, Venezuela.

Dessin d'un enfant de 3 ans qui ébauche un « bonhomme-têtard ».

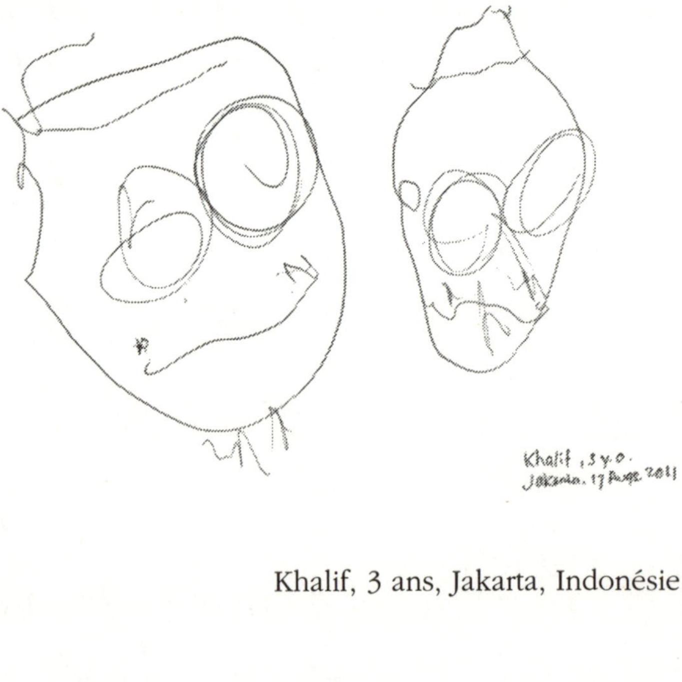

Khalif, 3 ans, Jakarta, Indonésie.

Dessins d'enfants de 6 ans qui à cet âge utilisent beaucoup la couleur.

Justin, 6 ans, Puerto Ordaz, Venezuela.

Karinka, 6 ans, Dobczyce, Pologne

Dessins d'enfants de 10 et 11 ans, à l'âge du réalisme visuel et du désir de perfection.

Audria, 11 ans, Jakarta, Indonésie.

Luis, 10 ans, Puerto Ordaz, Venezuela.

Tous les enfants du monde utilisent dans leurs dessins les couleurs semblables, au même âge. Les « enfants heureux » sont comme les peuples heureux… ils n'ont pas d'histoire.

CONCLUSION

J'espère que ces pages vous auront renseigné, alerté, peut-être et surtout rassuré pour vos enfants.

Je vous propose d'étudier trois derniers dessins : chacun d'entre eux met en scène une maison et son environnement. Une scène identique, réalisée successivement par une fillette de 4 ans, une petite fille de 11 ans et un jeune adulte de 21 ans.

Vous protesterez : « Mais on ne peut pas interpréter un dessin hors de son contexte », et vous aurez raison. Toutefois, dans ce cas précis, c'est l'âge auquel ont été exécutés les dessins qui nous intéresse.

À première vue, ces dessins évoquent des dessins d'enfants. Et pourtant...

Laure, 4 ans et demi

La maison a de beaux murs roses. Une fenêtre est ouverte, l'autre a des rideaux. On remarque un beau soleil et des couleurs harmonieuses. Laure prend plaisir à gribouiller, mais elle sait maîtriser son geste et le contenir dans des mouvements variés *(voir cahier hors texte, page VII)*.

Gislaine, 11 ans

C'est un dessin d'enfant, comme l'attestent le rabattement de la clôture et les volets collés au bord des murs. Mais la maison est close : pas de chemin, les volets sont fermés. Tout est enserré et délimité par des traits à angle droit et des nuages. Ce n'est pas la sonnette (ou la bobinette !) qui permettra à Gislaine de gommer les éléments psychotiques de sa personnalité *(voir cahier hors texte, page VIII).*

Y., 21 ans

On constate l'enchevêtrement de quelques éléments enfantins (maison, arbre), eux aussi fermés (fenêtres grillagées, feuillage « en moignons »). Les personnages, les objets hétéroclites (lampe de chevet, ballon) sont placés dans des sortes de cases. Seul le violoniste semble gai, mais ne réjouit pas l'adulte aux bras et aux mains cachés *(voir cahier hors texte, page VIII).*

En fait, ces trois dessins relèvent du même procédé : gribouillage et rabattements. Si ces techniques sont ordinaires chez un enfant de l'âge de Laure et soulignent sa sensibilité et son intelligence, en revanche, elles révèlent une pathologie au-delà de 7 ou 8 ans, et a fortiori chez un adulte. Y. est psychotique et est hospitalisé en long séjour.

ÉPILOGUE

Quand les enfants s'entraident

Julie vient d'avoir 6 ans. Sa maîtresse est absente. Je lui propose de m'accompagner pour rendre visite à un enfant de petite section de maternelle. Étant psychologue scolaire, je dois en effet voir un petit garçon de 3 ans, Benjamin, que la directrice m'a signalé depuis déjà plusieurs jours : l'enfant pleure du matin au soir et ne veut pas parler.

Julie et moi allons chercher Benjamin dans sa classe. Il a les yeux rouges, le teint pâle, l'air très triste...

Nous nous installons tous trois dans un petit bureau. Je tente en vain de persuader Benjamin de me raconter lui-même les raisons de ce gros chagrin.

Benjamin ne quitte pas Julie des yeux. Julie lui demande : « Pourquoi tu pleures ? Tu fais de mauvais rêves ? » Benjamin acquiesce. Julie lui propose de prendre une feuille de papier et de dessiner son « mauvais rêve »... Benjamin représente deux horribles monstres aux couleurs vives, rouge et orange. Julie lui dit : « Tu vois, ces monstres, ils sont prisonniers de la feuille. Ils ne peuvent plus partir. Mais pour être encore plus sûr, tu vas mettre des barreaux bien serrés [avec un crayon-feutre noir] pour que les monstres ne puissent pas s'échapper. »

Benjamin s'exécute. Au fur et à mesure qu'il dessine les barreaux, on peut percevoir sur son visage l'esquisse d'un sourire. Quand les barreaux sont complètement dessinés, Julie reprend : « Tu vois, tes monstres, ils sont vraiment prisonniers de la feuille, ils ne pourront plus revenir la nuit, ils sont collés à la feuille. Mais pour plus de tranquillité, tu vas déchirer la feuille en mille morceaux et la mettre à la poubelle, comme cela tu es sûr qu'ils ne reviendront jamais. »

À partir de ce jour, les « monstres » de Benjamin ne sont plus venus hanter ses nuits. Ce petit enfant a été rassuré par la présence d'un autre enfant.

Maintenant, quand on me signale un enfant, je n'oublie jamais de lui demander de dessiner son « mauvais rêve ». En voici un exemple : celui de Romain, qui vivait un véritable cauchemar, que la technique de Julie a aidé à exorciser.

Romain est âgé de 8 ans. Ses parents lui trouvent un comportement bizarre : il passe son temps à se lancer des défis et prend des risques qui peuvent mettre sa vie en danger. En classe, il est amorphe, rêveur.

Voici comment il commente le dessin de son « mauvais rêve » : « C'est un concours de Monsieur Muscle. J'ai perdu

ma maman dans la foule. » Je lui parle de sa famille. Il me dit que sa mère est une enfant « que l'on a trouvée » et qu'il ne sait rien d'autre.

Je rencontre les parents et, devant l'enfant, j'évoque « l'abandon » de sa mère. Celle-ci sourit : elle a perdu sa mère quand elle avait 20 ans, mais n'a jamais été abandonnée. Au fil de l'entretien, elle raconte que, lorsqu'elle avait 3 ans, elle a perdu sa mère dans un grand magasin après lui avoir lâché la main. La jeune femme comprend très vite que, souvent, elle a dit à son fils : « Ne me lâche pas la main, sinon tu vas me perdre comme j'ai perdu ma mère. » Devant cette menace, Romain s'est appliqué à se construire une personnalité forte, capable de résister à ce choc, pour se démontrer à lui-même qu'il est grand et invulnérable.

Le dessin de Romain représente un concours. C'est à l'homme le plus fort qu'il s'identifie, image de l'homme idéal, tout en muscles, assez fort pour se battre contre l'adversité.

Il ne reste plus qu'à rassurer l'enfant, dont le comportement suicidaire s'est évanoui, comme par enchantement.

Les mots que nous utilisons devant nos enfants nous trahissent souvent.

L'avenir offre la possibilité, à l'aide des technologies nouvelles, d'emprisonner virtuellement ces affreux monstres et de les engloutir dans une poubelle tout aussi virtuelle...

INDEX

PETIT LEXIQUE DES TERMES PSYCHIATRIQUES

AFFECTIVITÉ : capacité individuelle d'éprouver des émotions ou des sentiments. L'affectivité englobe l'humeur et le caractère*.

ÂGE MENTAL : âge mesuré par les tests ; il correspond au Q.I., qui représente le rapport entre l'âge mental et l'âge réel (Q.I. : quotient intellectuel).

ANGOISSE : peur sans objet précis (souvent synonyme d'anxiété).

ARRIÉRATION AFFECTIVE : immaturité dans le domaine des instincts, des sentiments, des émotions, souvent caractérisée par une grande dépendance au père ou à la mère. Peut être source d'inadaptation sociale, professionnelle ou sexuelle.

ARRIÉRATION MENTALE : arrêt ou insuffisance du développement intellectuel.

AUTISME : repli total sur soi, qui s'associe à une sorte de rêverie intérieure. L'autiste perd tout contact avec la réalité.

CARACTÈRE : manière d'être et de se comporter.

CARACTÈRE ANAL : notion psychanalytique qui se définit comme un caractère névrotique associant autoritarisme, pédanterie, obstination, méfiance et rigidité, goût exagéré pour l'ordre, avarice, collectionnisme.

CARACTÈRE ORAL : passivité, hyperdépendance vis-à-vis de l'entourage, avidité affective, exigences tyranniques dans le domaine sentimental.

CATHARSIS : libération de soi par la réminiscence de souvenirs très anciens.

DÉBILITÉ MENTALE : le débile mental a un niveau correspondant à un âge de 7 à 10 ans et un quotient intellectuel (Q.I.) inférieur à 80.

ÉNURÉSIE : incontinence nocturne de la vessie. On parle d'énurésie à partir de 2 ou 3 ans.

EXTRAVERSION : tendance à l'ouverture sur autrui. Les contacts avec autrui sont faciles.

FABULATION : inventions imaginaires destinées à camoufler la vérité.

FANTASME : images intérieures que le sujet substitue à la réalité ; vivre avec ses fantasmes, c'est vivre dans un monde irréel.

HOMOSEXUALITÉ : choix d'un partenaire sexuel du même sexe.

IDIOTIE : l'âge mental de l'idiot est inférieur à 2 ans.

INTERPRÉTATION : interpréter, c'est donner une signification définie à un fait. Par exemple : le ciel est gris, il va pleuvoir. Mais il existe aussi une interprétation d'ordre pathologique, principalement chez les êtres qui souffrent du complexe de persécution.

INTROVERSION : repli sur soi-même, au mépris du monde (antonyme : extraversion*).

INTUITION : mode de « révélation » que l'on a sur des choses indémontrables.

JALOUSIE : convoitise des biens d'autrui. Ce sentiment est très ordinaire dans le monde normal (jalousie entre frères et sœurs, jalousie amoureuse), mais elle peut devenir pathologique en cas de paranoïa* (jalousie délirante).

MÉGALOMANIE : délire sur des thèmes de grandeur, idées de grandeur.

MUTISME : silence obstiné, volontaire ou traduisant une inhibition importante.

MYTHOMANIE : falsification systématique de la vérité (Dupré), fabulation* de faits purement imaginatifs.

NARCISSISME : amour exclusif porté à soi-même. L'adolescence comporte une phase narcissique entre 12 et 15 ans, où le « sujet lie le désir et la volupté sexuelle à son propre corps » (H. Ey).

ŒDIPE : (voir chapitre 11, « Dessin et sexualité », page 105).

ONIRISME : « rêve éveillé ».

PARANOÏA : elle se caractérise essentiellement par trois éléments : l'orgueil, la méfiance, la fausseté du jugement.

PHOBIE : peur attachée à un objet.

PSYCHODRAME : technique psychothérapique mise au point par le psychiatre américain Moreno, qui consiste à faire interpréter aux sujets des scènes théâtrales où ils improvisent et ont l'occasion d'exprimer tout ce qui les préoccupe. Le psychothérapeute assiste et commente le comportement des acteurs.

SADISME : plaisir procuré par la souffrance d'autrui.

SCHÉMA CORPOREL : conscience immédiate du corps considéré comme un tout.

SCHIZOÏDIE : constitution mentale caractérisée par un repli sur soi, une tendance à l'isolement avec une vie intérieure et imaginative importante.

SCHIZOPHRÉNIE : désorganisation profonde de la vie psychique qui se ferme au monde, se dissocie progressivement pour aboutir à un état de déficit.

STÉRÉOTYPES : paroles, mots, expressions invariablement et inlassablement répétés, inutilement ou d'une manière inappropriée aux circonstances.

TRANSFERT : sentiments éprouvés par un malade à l'égard de son médecin dans la relation psychothérapique.

BIBLIOGRAPHIE SUCCINCTE

ABRAHAM A., *Le Dessin d'une personne*, Delachaux-Niestlé, 1963.

ANZIEU D., « Vers une métapsychologie de la création », in *Psychanalyse du génie créateur*, collection « Inconscient et Culture », Dunod, 1974, pp. 1 à 20.

—, *Les Méthodes projectives*, PUF, 1976.

AUBIN H., *Le Dessin de l'enfant inadapté*, Privat, 1970.

BERNSON M., *Du gribouillis au dessin*, Delachaux-Niestlé, 1962.

—, *Quelques réflexions sur les dessins d'un enfant prodige*, thèse sous la direction du professeur Widlöcher, La Salpêtrière, Paris, 1974.

BOESCH J., *Du gribouillage au dessin figuratif, Pédagogie préscolaire*, Nathan, 1979.

BOUVET A., « Le langage de la couleur », *Cahiers de l'enfance inadaptée*, octobre 1956.

BRAUNER A., BRAUNER F., *J'ai dessiné la guerre. Le dessin de l'enfant dans la guerre*, Expansion scientifique française, 1991.

BURNS R. C., KAUFMAN S. H., *Actions, Styles and Symbols in Kinetic Family Drawing (K-F-D)*, Brunner/Mazel Publishers, New York, 1972.

CANARD A., *Recherche expérimentale sur l'évolution du dessin chez l'enfant*, cahier n° 5, Laboratoire de pédagogie expérimentale A.-Gide.

CONGAR Y., *Chroniques de la guerre 1914-1918*, Le Cerf, 1997.

CORMAN L., « Le diagnostic du dépassement de l'Œdipe par le test du gribouillis », *Revue de neuropsychiatrie infantile et d'hygiène mentale*, numéro spécial, 1966, pp. 167 à 171.

—, *Le Test du dessin de famille*, PUF, 1970.

DAVIDO R., *La Découverte de votre enfant par le dessin*, Noé, 1971.

DAVIDO R., *Le Dessin de la main, proposition pour une réflexion projective*, thèse de doctorat de pychologie, sous la direction du professeur C. M. Prévost, 1985, université Paris-VII.

DAVIDO R., *The Childhood Hand That Disturbs*, Praeger, Wesport, États-Unis, 1994.

DAVIDO R., *Le Davido-CHaD. Le nouveau test psychologique : du dépistage à la thérapie*, L'Harmattan, 1997.

DEBIENNE M. C., *Le Dessin chez l'enfant*, PUF, 1973.

DI LEO J. H., *Children Drawings Diagnostic Aids*, Brunner/Mazel, New York, 1973.

DOLTO F., « Le dessin de la maison », in *L'Échec scolaire, essais sur l'éducation*, Presses Pocket, 1990, pp. 155-165.

ENGELHART D., « Étude dimensionnelle des indices de personnalité à partir du dessin chez l'enfant », *Revue de psychologie appliquée*, vol. 23, n° 2, 1973.

—, *Dessin et personnalité chez l'enfant*, Éditions du C.N.R.S., n° 52, 1980.

EY H., *Manuel de psychiatrie*, Masson, 1974.

FINKELSTEIN-ROSSI, *Techniques projectives : 12 cas cliniques*, p. 91 à 109, « Concept-psy », Éditions InPress, 2011.

FOISIL M., *Journal de Jean Héroard, médecin de Louis XIII*, Fayard, 1989.

FREUD S., *Cinq psychanalyses*, PUF, 1977.

GARDNER H., *Artfull Scribbles. The Significance of Children Drawings*, BasicBook, A Division of Harper Collins Publishers, États-Unis, 1980.

GRAPPE M., « Syndrome post-traumatique (PTSD) chez les enfants réfugiés de Vukovar dans le camp de Spanko à Zagreb », in *Neuropsychiatrie de l'enfance et de l'adolescence*, Expansion scientifique française, n° 42 (8-9), 1994, pp. 596 à 603.

HAMMER E. F., *The Clinical Application of Projective Drawings*, Charles C. Thomas. Publisher, Springfield, Illinois, 1980.

HASSAERTS C., QUERTON A., « Tentatives de détermination de périodes d'âges à l'étude du dessin de l'être humain », *Bulletin de psychologie*, tome XXVI, 1973, p. 307.

HUTT M. L., *Le Test de Bender. Adaptation Max Hutt* (traduction française de G. Bonneau), Éditest, Bruxelles, 1977.

LARA M. A., « Caracteristicas psicologicas de niños y niñas : percepción de si mismos y de sus familias », *Boletin médico del Hospital infantil de México*, vol. 52, n° 11, noviembre 1995.

LAUNAY C., *La Dyslexie*, Choay, 1968.

LE BARRE H., MONOD M., « Expérience de dessins libres », *Revue de neuropsychiatrie infantile et d'hygiène mentale*, 12, n° 1-2, 1965.

LEBOVICI S., *Conférences de l'école des parents*, 1951, pp. 8 à 14.

LEBOVICI S., « Réflexions à propos de quelques cas d'enfants ayant assisté à la mort violente d'un parent », in *La Psychiatrie de l'enfant*, tome XVIII, 2, 1975, pp. 401 à 442.

MEURISSE M.-R., *Psyché*, décembre 1942, n° 49.

MINKOWSKA F., *De Van Gogh et Seurat aux dessins d'enfants*, Guide catalogue illustré de l'exposition au Musée pédagogique, Paris, 1949.

NAVILLE P., *De la tache au trait*, « Enfance », Pris, 1950.

OSSON D., « Le dessin, voie d'accès à la personnalité de l'enfant », *Les Cahiers de l'enfance*, n° 98, 1963.

OSTER D., GOULD P., *Using Drawings in Assessment and Therapy*, Brunner/Mazel, New York, 1987.

POROT A., *Manuel alphabétique de psychiatrie clinique et thérapeutique*, PUF, 1975.

POSTEL J., *Dictionnaire de psychiatrie et de psychopathologie clinique*, Larousse, 1993.

REINHARDT J.-C., *La Genèse de la connaissance du corps chez l'enfant*, PUF, 1990.

RIBAULT C., « Le dessin de la maison chez l'enfant », *Revue de neuropsychiatrie infantile et d'hygiène mentale*, 13, n° 1-2, 1965.

ROCHER D., JOLY-MATHÉ M., *Peintures d'enfants, leçons de vie*, Dessain et Tolra, 1986.

ROYER J., *La Personnalité de l'enfant à travers le dessin du bonhomme*, Éditest, Bruxelles, 1977.

—, *Que nous disent les dessins d'enfants ?*, Éditions Hommes et Perspectives, 1995.

RUFO M., « La cave, le grenier, ou l'inconscient serait-il structuré comme une maison ? », in Anzieux D., Doumic-Girard A., *L'Enfant et sa maison*, Expansion scientifique française, 1988.

RUSS S.W., *Affect and Creativity*, L. Elbaum Associated Inc. Publishers, New Jersey, États-Unis, 1993.

SOURGEN, *L'École maternelle*, 1951, 7, p. 1-2.

STORA R., « La personnalité à travers le test de l'arbre », *Bulletin de psychologie*, numéro spécial, 1964.

TABARY J.-C., « Image du corps et géométrie spontanée de l'enfant », *Revue de neuropsychiatrie infantile et d'hygiène mentale*, 14, n° 1, 1966.

THOMAS G. V., SILK A. M. J., *An Introduction to the Psychology of Children's Drawings*, New York University Press, New York, 1990.

THOMAZI J., *Le Bonhomme et l'Enfant*, Coquemard, 1962.

TIXIER E., MOLEINS G., « "Un assassin comme ton père", itinéraire d'une séparation », in *Neuropsychiatrie de l'enfance et de l'adolescence*, Expansion scientifique française, 42 (8-9), 1994, pp. 494 à 497.

WALLON P., CAMBIER A., ENGELHART D., *Le Dessin de l'enfant*, PUF, 1990.

WIDLÖCHER D., *L'Interprétation des dessins d'enfants*, Dessart, 1965.

WIDLÖCHER D., ENGELHART D., « Dessins et psychopathologie de l'enfant », in *La Psychiatrie de l'enfant*, tome XVII, 2, 1975, pp. 315 à 400.

ZAZZO R., *Les Jumeaux, le Couple et la Personne*, PUF, 1986.

—, « Les dessins de l'enfant », in *Bulletin de psychologie de l'Université de Paris*, 1991, n° 7, pp. 427 à 430.

REMERCIEMENTS

Je remercie :

Mme Annick Belnou, avec qui j'ai eu le plaisir de travailler.

Tous les enfants du monde.

Cet ouvrage a été composé
par Atlant'Communication
au Bernard (Vendée)

Achevé d'imprimer sur Roto-Page
par l'Imprimerie Floch à Mayenne
en décembre 2011
pour le compte des Éditions de l'Archipel
département éditorial
de la S.A.S. Écriture-Communication

Imprimé en France
N° d'impression : 81239
Dépôt légal : janvier 2012